FOGO DA LIBERDADE
A RESISTÊNCIA DE HOMENS E MULHERES NEGROS CONTRA A ESCRAVIDÃO ENTRE MATO GROSSO E AMÉRICA ESPANHOLA (SÉCULOS XVIII E XIX)

Editora Appris Ltda.
1.ª Edição - Copyright© 2024 do autor
Direitos de Edição Reservados à Editora Appris Ltda.

Nenhuma parte desta obra poderá ser utilizada indevidamente, sem estar de acordo com a Lei nº 9.610/98. Se incorreções forem encontradas, serão de exclusiva responsabilidade de seus organizadores. Foi realizado o Depósito Legal na Fundação Biblioteca Nacional, de acordo com as Leis nos 10.994, de 14/12/2004, e 12.192, de 14/01/2010.

Este livro foi financiado com recursos do Programa de Apoio à Pós-Graduação (PROAP) da Coordenação de Aperfeiçoamento de Pessoal de Nível Superior (CAPES).

Catalogação na Fonte
Elaborado por: Dayanne Leal Souza
Bibliotecária CRB 9/2162

R696f
2024
	Rodrigues, Bruno Pinheiro
	    Fogo da liberdade: a resistência de homens e mulheres negros contra a escravidão entre Mato Grosso e América Espanhola (Séculos XVIII e XIX) / Bruno Pinheiro Rodrigues. – 1. ed. – Curitiba: Appris, 2024.
	    119 p. : il. color. ; 23 cm. (Geral).
	
	    Inclui referências.
	    ISBN 978-65-250-6269-3
	
	    1. Resistência. 2. Quilombos. 3. Escravos - Insurreições. 4. Mato Grosso. I. Rodrigues, Bruno Pinheiro. II. Título. III. Série.
	
	                                                                                                CDD – 326

Livro de acordo com a normalização técnica da ABNT

Appris editora

Editora e Livraria Appris Ltda.
Av. Manoel Ribas, 2265 – Mercês
Curitiba/PR – CEP: 80810-002
Tel. (41) 3156 - 4731
www.editoraappris.com.br

Printed in Brazil
Impresso no Brasil

Bruno Pinheiro Rodrigues

FOGO DA LIBERDADE
A RESISTÊNCIA DE HOMENS E MULHERES NEGROS CONTRA A ESCRAVIDÃO ENTRE MATO GROSSO E AMÉRICA ESPANHOLA (SÉCULOS XVIII E XIX)

Appris editora

Curitiba, PR
2024

FICHA TÉCNICA

EDITORIAL	Augusto Coelho
	Sara C. de Andrade Coelho
COMITÊ EDITORIAL	Ana El Achkar (UNIVERSO/RJ)
	Andréa Barbosa Gouveia (UFPR)
	Conrado Moreira Mendes (PUC-MG)
	Eliete Correia dos Santos (UEPB)
	Fabiano Santos (UERJ/IESP)
	Francinete Fernandes de Sousa (UEPB)
	Francisco Carlos Duarte (PUCPR)
	Francisco de Assis (Fiam-Faam, SP, Brasil)
	Jacques de Lima Ferreira (UP)
	Juliana Reichert Assunção Tonelli (UEL)
	Maria Aparecida Barbosa (USP)
	Maria Helena Zamora (PUC-Rio)
	Maria Margarida de Andrade (Umack)
	Marilda Aparecida Behrens (PUCPR)
	Marli Caetano
	Roque Ismael da Costa Güllich (UFFS)
	Toni Reis (UFPR)
	Valdomiro de Oliveira (UFPR)
	Valério Brusamolin (IFPR)
SUPERVISOR DA PRODUÇÃO	Renata Cristina Lopes Miccelli
PRODUÇÃO EDITORIAL	Sabrina Costa
REVISÃO	Simone Ceré
DIAGRAMAÇÃO	Amélia Lopes
CAPA	Lívia Costa
REVISÃO DE PROVA	Bruna Santos

Dedico este livro a três mulheres que me inspiraram a seguir em frente e jamais ter cogitado desistir diante das dificuldades: Elza, minha mãe; Violeta, minha filha; e Tereza de Benguela.

*Enquanto os leões não contarem sua história,
prevalecerá a versão dos caçadores.*

(Provérbio africano)

APRESENTAÇÃO

Onde quer que tenha existido escravidão, a chama da liberdade esteve acesa. Compreendemos a liberdade como impulso para uma vida longe dos grilhões. É bem verdade que esse não foi o caminho possível a milhões de homens e mulheres africanos ou afrodescendentes trazidos ou nascidos no continente americano, mas para outros foi a única opção, especialmente para aqueles que viveram em áreas de fronteira e mata densa. O trabalho nas minas de ouro, muitas vezes, não possibilitava a negociação da melhoria das condições de trabalho. Restava aos indivíduos submetidos à escravidão a escolha entre a morte lenta causada pela extrema exploração ou a fuga e os seus riscos. Escolhemos aqui tratar desses últimos, aqueles que romperam com a escravidão por meio de fugas, formação de quilombos ou tomaram partido em meio as disputadas políticas existentes no continente na virada do século XVIII para o XIX.

A publicação da obra ocorre em um momento oportuno, pois em 2023 foram completados 20 anos da promulgação da Lei n.º 10.639. A lei instituiu a obrigatoriedade do ensino de História e cultura da África e afro-brasileira na educação nacional. A lei foi seguida de um conjunto de políticas públicas que resultaram na produção, promoção e divulgação de trabalhos associados ao campo. Uma infinidade de sujeitos, processos históricos e abordagens ganharam terreno, permitindo novos olhares para a História do continente e país. Este livro é produto direto desse processo histórico.

Não poderíamos também deixar de recordar a importância da interiorização do ensino superior no país, intensificada desde os anos 1970, e, posteriormente, dos programas de pós-graduação. Ao nosso ver, esse movimento contribuiu para que a pesquisa histórica avançasse sobre numerosos acervos e processos históricos inexplorados. No último quartel do século XX, centenas são formados nesses novos cursos de ensino superior que são inaugurados no Centro-Oeste, Sul e Nordeste do Brasil; e outros tantos formados nesses novos centros de ensino e pesquisa buscarão os programas de pós-graduação tradicionais no Brasil, particularmente do Sudeste brasileiro.

Embora não seja a nossa intenção mapear a produção historiográfica mato-grossense neste espaço, destacamos dois trabalhos que são frutos desse processo: *Cativos do Sertão*, de Luiza Rios Ricci Volpato (1993), e *Mistura de cores*, de Jovam Vilela da Silva (1995). O primeiro, resultado de uma pesquisa de doutorado realizada na Universidade de São Paulo (USP), traça um panorama da escravidão em Cuiabá e Mato Grosso, baseado principalmente em fontes disponíveis no Arquivo Público de Mato Grosso (APMT). Volpato, que tinha vínculos trabalhistas com a Universidade Federal de Mato Grosso desde os anos 1980, apresenta a escravidão na região tendo como protagonista a própria população escravizada, que fugia e se levantava contra a violência dos feitores.

A obra de Silva, por sua vez, analisa a população da Capitania de Mato Grosso, formada por negros, indígenas, uma diminuta quantidade de brancos e, principalmente, por mestiços. O autor, também baseado em fontes do APMT, enfatiza a forte presença de Bororos e Parecis, e como os mesmos eram assimilados como cativos em meio às estratégias lançadas pela administração colonial para implementar a presença da coroa lusitana na região. Assim como Volpato, também realizou o doutorado na USP no início dos anos 1990, e depois publicou o livro pela Editora da UFMT.

Indiscutivelmente, a criação do Programa de Pós-Graduação em História na UFMT em 1998 consolidou esse movimento de pesquisas em nível de pós-graduação. Em seus 25 anos de existência foram dezenas de dissertações e teses que versaram sobre os mais diferentes aspectos da história afro-brasileira no oeste luso-brasileiro. Numerosos sujeitos do Brasil colonial, imperial ou republicano, anteriormente pouco conhecidos, ganharam visibilidade. As pesquisas sobre Tereza de Benguela, quilombos, fugas transfronteiriças, insurreições urbanas ou a representação negra nos periódicos realizadas por Monique Lordelo (2010), Bruno Rodrigues (2015, 2022), Cléia Melo (2020) e Kaique Vieira (2023) exemplificam esse cenário.

Vale ainda salientar o aporte teórico-metodológico por trás desse conjunto de pesquisas mencionadas, tributário, sobretudo, da chamada História Social. Em torno do desejo de contar a "história vista de baixo", pesquisadores da história afro-brasileira nas últimas décadas se valem dos mais diferentes métodos investigativos: micro-história, história comparativa, demografia histórica, análise iconográfica, análise de discurso, entre outros. Entendemos que a tentativa de enquadrar em uma escola historiográfica ou de pensamento seja imprópria e estéril, tendo em vista a inegável interdisciplinaridade das pesquisas realizadas nas Ciências Humanas e multiplicidade documental.

Outrossim, não poderíamos deixar de ressaltar uma marca bastante relevante das pesquisas em História Afro-Brasileira realizadas nas últimas décadas: finalmente os "leões" começaram a contar as suas próprias histórias. Isto é, o conjunto de políticas públicas que democratizaram o ensino superior no Brasil possibilitou a chegada às universidades dos mais diferentes segmentos da sociedade, especialmente indígenas e negros. Conforme as pesquisas em História e cultura da África e populações afro-brasileiras avançam, crescentemente mais jovens pesquisadores são cativados a contar a História dos seus ancestrais, ou daqueles que fazem parte do seu mundo social. Sem dúvidas esse momento vivenciado na sociedade brasileira contribuirá para um verdadeiro giro epistemológico, que possibilitará uma compreensão mais diversa e humana do processo histórico.

Em linhas gerais, a obra que segue conta com quatro capítulos. O primeiro intitula-se "O despertar das centelhas de esperança: a escravidão negra e seus caminhos até o Mato Grosso (séculos XVIII e XIX)". Baseado em fontes encontradas no acervo do Núcleo de Documentação e Informação Histórica Regional (NDHIR), Arquivo Público do Estado da Bahia (APEB), APMT e relatos de viajantes, analisa a abordagem da população negra encontrada ou em trânsito nos caminhos que ligavam o sudeste luso-brasileiro ao Mato Grosso. O texto reflete casos de quilombos formados rente a caminhos fluviais utilizados por monções até conflitos travados por africanos escravizados com indígenas na região pantaneira.

O capítulo seguinte, nomeado "Quilombo do Quariterê: reflexões sobre a presença indígena e abordagem da liderança de Tereza de Benguela nas fontes escritas (1730-1795)", tem como proposta analisar o maior quilombo do oeste luso-brasileiro. Formado aproximadamente em 1730, o espaço seguiu até o final do século XVIII, sendo um verdadeiro polo de atração aos que fugiam da escravidão. A pesquisa é fundamentada em documentos encontrados no APMT, relatórios disponibilizados pelo Center for Research Libraries (CRL) e fontes publicadas, como os *Anais de Vila Bela*. No trecho constam reflexões sobre a presença indígena no interior do quilombo e a abordagem da líder quilombola Tereza de Benguela nas fontes escritas.

Na sequência, o livro conta com o capítulo "O palenque de Vallegrande: uma história de continuidade da luta pela liberdade de negros fugidos da escravidão em 1786". Baseado, principalmente, em fontes encontradas no

Archivo y Biblioteca Nacionales de Bolívia (ABNB) e documentos publicados, analisa a formação de um quilombo na região de Vallegrande, a Oeste de Santa Cruz de la Sierra. O ajuntamento contava principalmente com a presença de africanos que haviam fugido do Mato Grosso durante o século XVIII, e seguiam lutando por autonomia e liberdade, mesmo após a fuga para os domínios de outra coroa.

O livro finaliza com o capítulo intitulado "El Quitacapas: a vida de um homem negro livre na América espanhola em tempos de guerra (1809-1811)". Ancorado também em fontes encontradas no ABNB, APMT e Archivo General de la Nación (Argentina), examina a história de El Quitacapas, um homem negro que foi trazido escravizado ao Mato Grosso no século XVIII, fugiu e atravessou a fronteira política entre as coroas portuguesa e espanhola, e, quando irromperam as guerras de independência, foi aclamado pela população como o seu porta-voz.

Em resumo, este livro é uma homenagem a todos que se levantaram contra a escravidão e mantiveram acesa a chama da liberdade. Esperamos que possa somar com os esforços de pesquisadores e movimentos sociais que há décadas no Brasil têm se dedicado para ampliação do nosso conhecimento do passado, país e continente.

PREFÁCIO

Durante décadas, os livros de história do Brasil explicaram a existência da escravidão negra como decorrente da falta de adaptação dos indígenas ao trabalho, restando aos europeus a alternativa de buscarem mão de obra na África.

Com essa afirmação, os povos originários eram rotulados como indolentes e o negro africano como passivo. Também era transmitida a ideia de que os europeus ao chegarem à costa brasileira se encontravam dotados do direito de explorá-la conforme seus interesses, submetendo aos mesmos o meio ambiente e as populações que aí viviam. E, além disso, podiam dispor de uma população estabelecida em outro Continente, transferindo-a à força para suas plantações para ser usada como mão de obra em trabalho compulsório.

Trazidos para o Brasil, após terem sido sequestrados e retirados violentamente de suas comunidades, os africanos foram escravizados e submetidos ao mais intenso nível de exploração humana. Destituídos de sua humanidade, eram considerados mercadoria, podendo ser comprados e vendidos a qualquer momento, como se objetos fossem. Apartados de suas famílias, distanciados dos locais e pessoas conhecidas, proibidos de praticar suas manifestações culturais, os escravizados foram submetidos ao cativeiro.

Mas, em toda a América e no Brasil, onde houve escravidão, houve resistência dos escravizados a essa forma violenta de apropriação do trabalho. As formas de resistência foram muitas e fizeram parte da vida cotidiana de escravizados, feitores e senhores. Uns guiados pelo desejo de liberdade ou mesmo de vingança, outros movidos pelo medo de que a ação violenta dos escravizados podia lhes causar. As atitudes de inconformidade com a situação iam de um simples boicote ao trabalho, pequenos furtos, até assassinatos de senhores e suas famílias, e principalmente de feitores. Responsáveis pela imposição dos violentos castigos, os feitores eram alvo privilegiado da revolta e da ira dos escravizados.

O sistema exigia de todos uma vigilância constante, uma vez se estruturava na imposição pela força. Por outro lado, os escravizados não tinham segurança nenhuma de estarem protegidos contra a ira, o mau humor ou a vontade de senhores e feitores, e podiam ser castigados a qualquer momento.

Em um sistema baseado na relação pessoal, o indivíduo privilegiado de hoje poderia estar sendo açoitado no tronco amanhã.

Portanto, a ideia de aceitação e passividade por parte dos escravizados não se sustenta e é uma outra forma de manifestação da desvalorização de sua condição humana, o sistema escravista os considerava como seres destituídos de vontade própria e que precisariam ser guiados "para seu próprio bem".

A destituição do escravizado de sua condição humana estava contida na legislação que o reduzia ao status de coisa. Apenas quando cometia um crime o escravizado era considerado sujeito e como tal era julgado e, se fosse o caso, condenado.

Desde a sua captura, o indivíduo estava submetido à violência física e também mental. Trasladado em navio em condições sub-humanas, não sabia para onde estava sendo levado, nem o que lhe aguardava.

Quais emoções afligiriam uma pessoa submetida a essa condição? Medo, raiva, revolta, desespero, preocupação com a família deixada para trás, saudade dos lugares e entes queridos...

Em seu desembarque em um porto do Brasil, o indivíduo perdia seu nome de origem, sendo tratado como "peça", mais tarde receberia um nome cristão. Era exposto, podendo o comprador encarar, apalpar, conferir os dentes, verificar se manifestava alguma doença ou deformidade, e até mesmo seu temperamento era considerado. A partir dessas características, lhe era dado um preço.

Adquirido por um senhor, o escravizado poderia ser alojado em uma região próxima ao porto ou submetido a longas caminhadas até núcleos distantes do interior do Brasil, para trabalhar compulsoriamente em lavouras, mineração, beneficiamento ou fabricação de produtos. Podia ter sido adquirido pelo senhor que iria fazer uso de seu trabalho ou por algum comerciante que iria revendê-lo em outras praças.

Esse comércio humano existiu desde o início da colonização portuguesa em terras posteriormente brasileiras, até o final do sistema escravista. Mesmo sendo proibida a importação de africanos em 1850, o contrabando persistiu e concomitante a ele o comércio interno de escravizados.

Os primeiros trabalhadores escravizados chegaram ao território que viria a ser mato-grossense no início do século XVIII, trazidos pelas monções. De predadores de indígenas, os paulistas que vasculhavam a região encontram ouro e, para explorá-lo, fixam povoamento na região, tornando-se mineradores. Para todos os serviços que se faziam necessários, desde a mineração até a produção de gêneros de abastecimento, foi utilizada a mão de obra escravizada. À medida que o povoamento branco da região ia se ampliando, novas levas de escravizados eram trazidos para o centro do continente. E quando a mineração entrou em crise, ainda no século XVIII, passaram a ser utilizados nas fazendas de pecuária e agricultura, nos serviços domésticos, nos trabalhos urbanos e nas construções públicas.

Em cada região do Brasil, a escravidão adquiriu características próprias, sem perder seu eixo central, qual seja, a opressão dos indivíduos negros a partir da força física. Mas entre esses segmentos sociais, o senhor e o escravizado, existiam outros sujeitos que compunham a sociedade escravista. Entre eles estavam os livres pobres, os libertos, os indígenas, entre outros. Livres pobres e libertos eram tidos como a ralé, sujeitos sem valor e muitas vezes sem lugar nessa ordem social. Mas era com eles e também com os indígenas que os escravizados mantinham suas relações pessoais. Relações que podiam ser de parceria e cumplicidade, mas também de confronto. A capacidade dos escravizados de tecer uma rede de relacionamento para além daquilo que era definido pelos senhores, evidencia a condição de sujeitos de suas vidas, apesar de submetidos a uma intensa forma de opressão. Portanto, seja se revoltando ou simplesmente buscando atender algum desejo pessoal, o escravizado está manifestando sua condição de sujeito e negando uma possível passividade e conformismo.

Onde houve escravidão nas Américas, houve atitudes de rebeldia e tentativa de escapar desse regime de opressão. Diante da perspectiva de uma vida de sofrimentos e castigos, o escravizado, em alguns casos, preferia o suicídio. Embora fosse um ato individual de desespero, os senhores e feitores tentavam impedir que ocorresse, uma vez que a morte do escravizado significava perda de patrimônio.

As fugas foram frequentes, o que exigia vigilância constante. O castigo severo em caso de captura deveria não apenas punir o escravizado evadido, mas desencorajá-lo de uma nova tentativa e servir como exemplo para os demais.

Apesar dos riscos, as fugas aconteciam, com indivíduos isolados ou em grupo. Essas fugas eram responsáveis pela formação de quilombos ou pela sua ampliação.

No caso específico de Mato Grosso, os escravizados em fuga tinham uma alternativa a mais dada a condição de fronteira da região. Além da possibilidade de fuga para a região de terras espanholas, no período colonial, ou das repúblicas vizinhas na fase nacional, os escravizados passaram a ter outros aliados possíveis, ou seja, soldados desertores. Recrutados muitas vezes à força, nas camadas mais fragilizadas da sociedade, os soldados viam nos quilombos uma alternativa para escapar do serviço militar. Essa aliança que expressa o dinamismo da sociedade, cujas relações humanas se dão para além dos contornos que suas autoridades definem, causava grande apreensão aos governantes. Os desertores podiam chegar ao quilombo, portanto alguma arma de fogo e munição, informações sobre as ações das autoridades e algum conhecimento militar e estratégico, mesmo que rudimentar.

A população de um quilombo era diversa, composta por escravizados fugitivos, mas também por desertores, alguns livres pobres e até mesmo mulheres raptadas de núcleos próximos. Cada um desses núcleos humanos tinha suas regras próprias que orientavam a vida em comum, sendo a defesa um item privilegiado. Para a sua sobrevivência, o quilombo mantinha uma rede de alianças para além de seu território. Aliados que lhe forneciam informações e mercadorias. A maior dificuldade era a obtenção de armas e ferramentas.

A existência de um quilombo nas proximidades de uma propriedade ou núcleo urbano causava grande apreensão aos proprietários, que temiam a sua influência sobre seus escravizados. Temiam também roubos e furtos que os quilombolas poderiam perpetrar contra terras e propriedades.

Estruturada a partir de coesão pela força, a sociedade escravista era violenta, gerando a sensação de insegurança em sua população em seus vários segmentos sociais.

Trazer à tona a luta constante de homens e mulheres submetidos ao mais intenso grau de opressão, questiona a concepção de passividade dos negros. Em condições de grande desigualdade de forças lutaram para escapar da escravidão ou para ter um pequeno controle sobre suas vidas, definindo seus relacionamentos pessoais, ou praticando alguma ação em seu próprio benefício. Mesmo enfrentando a repressão, os escravizados fizeram sobreviver suas manifestações religiosas e culturais, de tal forma que elas sobreviveram e foram transmitidas às gerações que se seguiram.

O estudo das ações de homens e mulheres negros numa sociedade escravista vai além de vê-los apenas como cativos submetidos a ordens de senhores e feitores. E é nessa linha de investigação que Bruno Pinheiro Rodrigues trabalha nesta obra.

Seu interesse pelo tema tem produzido vários trabalhos, publicados em importantes periódicos e livros situados no campo histórico. Entre seus textos se destacam os livros *Paixão da alma: suicídio de cativos em Cuiabá (1854-1888)* e *"Homens de ferro, mulheres de pedra": o itinerário de resistência de africanos escravizados entre a África Centro-Ocidental e América espanhola*.

Agora apresenta ao público *Fogo da liberdade: a resistência de homens e mulheres negros contra a escravidão entre Mato Grosso e América espanhola (séculos XVIII e XIX)*. Ao longo de quatro capítulos, o autor avança na discussão sobre as peculiaridades da escravidão em Mato Grosso, região no interior da América do Sul e área de fronteira do Brasil com seus vizinhos. Ressalta como a condição de fronteira imprime características próprias à sociedade mato-grossense, afetando também o cotidiano de escravizados e seus senhores. Dessa forma, a condição de fronteira de Mato Grosso deixa de ser pano de fundo e assume o papel de elemento fundamental na sociedade escravista mato-grossense.

A condição de fronteira afeta igualmente a região espanhola, conferindo-lhe conotação específica, que é estudada neste trabalho.

O texto analisa a longa caminhada dos portos do litoral até a região mais interiorana da América do Sul, apontando as várias rotas possíveis para chegar a esse destino. Todas elas cheias de dificuldades, causando grandes perdas humanas, de equipamentos e produtos em sua trajetória.

A localização da sociedade mato-grossense, tão longe do litoral e de acesso aos benefícios existentes na região costeira, é uma de suas mais marcantes características e influencia também as peculiaridades que a escravidão assume nesse território.

Apoiado em ampla bibliografia e pesquisa documental, Rodrigues abre novas brechas para se refletir sobre o tema, relevando o dinamismo das relações de fronteira. De um lado, escravos, desertores e outros fugitivos procuravam acesso à liberdade evadindo-se do território brasileiro; de outro, as autoridades de ambos os lados construíam alianças visando conter essa movimentação. Apesar dos esforços dos governantes, essa movimentação se manteve nos dois sentidos até o final do século XIX.

Rodrigues traz novas considerações sobre o quilombo do Quariterê, questionando as visões consolidadas sobre a rigidez vigente nesse núcleo sob a liderança de Teresa de Benguela. Os relatos existentes sobre os quilombos foram escritos por seus inimigos, membros das bandeiras que os bateram ou por senhores que queriam vê-los arrasados e financiavam as expedições contra eles. Levando esse aspecto em consideração, Rodrigues busca relativizar a visão pejorativa que os documentos traçam sobre Teresa e seus conselheiros e a organização interna do quilombo.

O estudo de arranchamentos criados por escravizados fugidos segue além da fronteira e Rodrigues analisa exemplos de núcleos semelhantes aos quilombos na América espanhola. Semelhanças e diferenças são consideradas, levando-se em conta que o regime escravista se deu de forma diferente nas colônias portuguesa e espanhola.

Ao analisar o caso emblemático de Quitacapas, o autor leva a discussão para o período agitado da América espanhola nas guerras de independência. É interessante ver como esse homem negro livre se vale da insegurança política da região em busca de alcançar seus objetivos. Destaca também como as autoridades procuravam se valer de lideranças da plebe, quando essa aliança lhes interessava.

Com uma escrita fluida, apoiado em ampla documentação, o autor traz à luz novos fatos sobre a escravidão negra em zona de fronteira. E mostra homens e mulheres resistindo à opressão que lhes negava a condição de ser humano, enfrentando senhores e autoridades ou se aproveitando de crises no tecido social para conseguir alguma vantagem. Com isso amplia a visão sobre o tema, mostrando as peculiaridades que o sistema escravista assumiu nos diversos territórios e períodos em que existiu. Sem perder sua configuração central, a escravidão, como eixo estruturante da sociedade, assume feições diferentes em cada situação.

A bibliografia sobre o tema se enriquece com a aquisição de *Fogo da liberdade: a resistência de homens e mulheres negros contra a escravidão entre Mato Grosso e América espanhola (séculos XVIII e XIX)*.

27 de fevereiro de 2024

Luiza Rios Ricci Volpato

Historiadora, escritora e professora aposentada da UFMT

SUMÁRIO

CAPÍTULO 1
O DESPERTAR DAS CENTELHAS DE ESPERANÇA:
A ESCRAVIDÃO NEGRA E SEUS CAMINHOS ATÉ O MATO GROSSO
(SÉCULOS XVIII E XIX) 21

CAPÍTULO 2
QUILOMBO DO QUARITERÊ: REFLEXÕES SOBRE A PRESENÇA
INDÍGENA E ABORDAGEM DA LIDERANÇA DE TEREZA DE
BENGUELA NAS FONTES ESCRITAS (1730-1795) 43

CAPÍTULO 3
O PALENQUE DE VALLEGRANDE: UMA HISTÓRIA DE
CONTINUIDADE DA LUTA PELA LIBERDADE DE NEGROS FUGIDOS
DA ESCRAVIDÃO EM 1786 67

CAPÍTULO 4
EL QUITACAPAS: A VIDA DE HOMEM NEGRO LIVRE NA AMÉRICA
ESPANHOLA EM TEMPOS DE GUERRA (1809-1811) 85

REFERÊNCIAS 103

CAPÍTULO 1

O DESPERTAR DAS CENTELHAS DE ESPERANÇA: A ESCRAVIDÃO NEGRA E SEUS CAMINHOS ATÉ O MATO GROSSO (SÉCULOS XVIII E XIX)

> [...] o Messias não vem apenas como salvador; ele vem também como o vencedor do Anticristo. O dom de despertar no passado as centelhas da esperança é privilégio exclusivo do historiador convencido de que também os mortos não estarão em segurança se o inimigo vencer. E esse inimigo não tem cessado de vencer.
>
> (Walter Benjamin)

A história da escravidão negra no Brasil também é a história dos deslocamentos, caminhos tortuosos e ruptura dos grilhões. Do norte ao sul do continente, centenas de caminhos ligavam as áreas litorâneas e mundo transatlântico com as mais diferentes áreas interioranas. De acordo com o banco de dados disponível no *Slave Voyages*, entre 1501 e 1875, foram trazidos do continente africano para as Américas 12.521.337 pessoas. A América portuguesa/Brasil teria sido o principal destino para 5.848.266 africanos escravizados.[1] Todo esse volume de homens e mulheres segue para os mais diferentes destinos dentro do território, desde as grandes propriedades agrícolas do Sudeste e Nordeste até as minas para extração de metais preciosos a oeste.

É nessa última situação que se enquadra a história da Capitania/Província de Mato Grosso durante o período da escravidão. Embora existam vestígios e estudos que mostram que a região fosse povoada há milênios por agrupamentos humanos,[2] somente na segunda metade do século XVII

---

[1] O banco de dados do Slave Voyages conta com levantamentos estatísticos e diversas outras informações sobre as atividades escravistas entre os séculos XVI e XIX. Para conferir o levantamento mencionado, ver: www.slavevoyages.org . Acesso em: 3 dez. 2023.

[2] Ver, por exemplo, o estudo de Agueda Vilhena Vialou e Denis Vialou (2019) sobre as manifestações simbólicas no sítio de Santa Elina, localizado nos arredores do atual município de Jangada, Mato Grosso. O sítio, que conta com vestígios de presença humana de até 27 mil anos antes do presente, é considerado um dos mais antigos da América do Sul.

começam as primeiras incursões de povos não indígenas no que seria conhecido depois como Mato Grosso; e nas primeiras décadas do século seguinte se edificam os primeiros arraiais, vilas e cidades. Para além da população europeia e descendentes, serão trazidos milhares de africanos, muitos dos quais chegam ao destino derradeiro traçado por escravistas, mas também outros tantos trilharão outros caminhos, movidos pelo desejo de uma vida além dos grilhões.

Neste capítulo, inicialmente teceremos reflexões sobre a escravidão em Mato Grosso e os caminhos utilizados para o deslocamento de homens e mulheres escravizados. Em seguida, analisaremos diferentes fontes que dão conta dos sujeitos escravizados, especialmente os que empreenderam resistência contra a escravidão.

A escravidão em Mato Grosso e os seus caminhos

No Mato Grosso, assim como em outras regiões das Américas, a população escravizada foi inserida nas mais variadas atividades econômicas. Apesar de a mineração ser a principal delas, existem diversos registros que apontam a presença da mão de obra compulsória na agricultura de subsistência, pecuária, construção de obras públicas, serviços domésticos e diversas outras ocupações nos espaços urbanos dos arraiais, vilas e cidades edificadas durante os séculos XVIII e XIX (Volpato, 1993; Aleixo, 1994).

Verdadeiros sustentáculos da economia colonial e imperial na região, estiveram presentes desde descobertas auríferas nas primeiras décadas do século XVIII, momento em que ocorriam disputas entre as coroas portuguesas e espanholas em torno de zonas limítrofes. Este igualmente foi o período em que ocorreu o contato dos povos não ameríndios com diferentes grupos indígenas que se encontravam espacializados nas bacias dos rios Amazonas e Paraguai. Segundo José Barbosa de Sá, cronista que viveu na região na primeira metade do século XVIII, tão logo se confirmaram os achados de ouro no Coxipó-Mirim (1718) e lavras do Sutil (1722), houve grande euforia seguida de uma corrida do ouro ao extremo oeste das consideradas possessões portuguesas:

> Divulgada a notícia pelos povoados foi tal o movimento que causou nos ânimos que das Minas Gerais, Rio de Janeiro e toda a Capitania de São Paulo se abalaram muitas gentes deixando casa, fazendas, mulheres e filhos botando-se para estes sertões como se fora a terra da promissão ou o Paraíso encoberto em que Deus pôs nossos primeiros pais (Sá, 1975, p. 12).

Em nome desse "Paraíso encoberto", em poucas décadas, deslocaram-se ou foram trazidos ao que seria depois chamado de Capitania de Mato Grosso (1748) milhares de indivíduos, entre os quais homens e mulheres negros escravizados. Estes últimos, assim como em outras partes das Américas, experimentaram as agruras do sistema escravista.

Numerosos documentos indicam a presença africana no Mato Grosso desde as primeiras expedições à região, como um registro apresentado em 1773 durante o governo de Luís Albuquerque, que mapeou a totalidade de africanos adentrados no Mato Grosso desde a década de 1720 até o ano de 1772. O documento, que dividiu o período em quatro momentos, apontou que foram trazidos 17.480 africanos (DOC. 1).

No geral, foram três as rotas utilizadas para a introdução de escravizados no Mato Grosso, duas formadas por trechos majoritariamente fluviais e um caminho terrestre. As fluviais partiam do Rio de Janeiro e Belém e, apesar das singularidades dos territórios atravessados, se assemelhavam nas dificuldades e tempo que demandavam para serem completadas – de três a nove meses, a depender da estação do ano.

A rota iniciada no Rio de Janeiro tinha como primeiro ponto de partida o porto de Santos. Posteriormente, seguia o vale do Médio Tietê adentro, chegando ao porto paulista de Araritaguaba (atual Porto Feliz), e, então, cortava o território luso-brasileiro em cerca de 3.500 quilômetros entre diversos rios e numerosos obstáculos até finalizar nas minas do Cuiabá. Levava, além de cativos, víveres e manufaturados. O percurso, de modo geral, era penoso, visto que obedecia ao curso sequencial de numerosos rios — Tietê, Paraná, Pardo, Camapuã, Coxim, Taquari, Paraguai, Porrudos e Cuiabá —, distribuídos entre duas grandes bacias hidrográficas, a do Paraná e a do Paraguai. A ligação entre estas últimas era feita por um trecho terrestre de 14 quilômetros, ao longo do qual os monçoeiros arrastavam as embarcações recorrendo à força de bois ou de braços humanos. No correr do século XVIII, as constantes mazelas foram descritas repetidamente por viajantes: risco de febres, insalubridade das águas, escassez de víveres, despedaçamento de canoas, naufrágio, entre outras. O cumprimento de tal roteiro variava de acordo com o nível das águas e o sucesso da expedição, de modo que poderia se estender por quatro ou seis meses (Silva, 2004, p. 7).

As dificuldades eram similares na rota que se iniciava em Belém, pois havia igualmente uma enorme distância a ser percorrida entre o porto de Belém e o de Mato Grosso, obstáculos naturais como as cachoeiras do

Madeira, ataques das nações indígenas, a escassez de alimentos e fome. Por terra, nos trechos de travessia, o perigo dos animais peçonhentos, formigas, onças e plantas venenosas. O próprio nome do rio – Madeira – fazia alusão aos inúmeros troncos e árvores atravessados nele, que, por vezes, provocavam naufrágios e mortes.

Tanto na rota norte como na rota sul, dava-se preferência por embarcações produzidas com cascas de grandes árvores, já que ambos os trechos eram atravessados por dezenas de cachoeiras, o que obrigava a interromper a navegação por passagens terrestres ou varadouros. Apesar de as canoas produzidas com cascas comumente terem formato assimétrico, com carga acumulada na parte traseira e exigirem grande acúmulo de habilidades para o manejo, especialmente nas monções que saíam do sudeste luso-brasileiro, eram ao mesmo tempo veículo, suporte para pesca, abrigo para chuvas e ventanias e, por vezes, até escudo em pelejas.[3]

Há de se notar que não era em todos os trechos da rota que se encontravam árvores próprias para o fabrico das canoas, pois, além das medidas adequadas, necessitavam estar maduras, com tronco espesso e livre de rachaduras ou rugas. Além disso, dava-se preferência às que possuíam caule reduzido nas extremidades. Na história das navegações até o extremo oeste luso-brasileiro, achados de palmeiras como a "paxiúba barriguda", típicas da região amazônica, que apresentavam simetria perfeita para produção de canoas, com nitidez na proa e popa, eram atípicos e excepcionais. De forma geral, prevaleciam, nas monções sulistas, o uso das canoas oriundas do jatobá e chimbó e, na região nortista, as produzidas a partir das ubás.

Acredita-se que as embarcações que atravessavam as águas caudalosas da região amazônica pudessem ser maiores, com a média de 12 a 13 metros de comprimento, 1,5 de diâmetro e capacidade acima das 1.000 arrobas.[4] Em vista dos diversos preparativos e infraestrutura levantada, supõe-se que apenas comerciantes de grosso cabedal estivessem associados a esse fluxo, uma vez que, além dos gastos com recursos humanos, era indispensável a compra antecipada de canoas, ferramentas para reparos, provisões, entre

---

[3] Acrescenta-se a isso a capacidade de percorrer longos trechos. De acordo com Holanda, com ausência de ventos, as canoas chegavam a percorrer até 60 quilômetros. Com ventos favoráveis, a distância chegava até 130 quilômetros ao dia (Holanda, 2014, p. 175-176).

[4] Sobre o tema, Sérgio Buarque de Holanda traz diversos relatos, como os de João de Souza de Azevedo e Luis D'Alincourt. O primeiro se queixou ao rei em 1762 da perda de uma canoa de 17,5 metros; o segundo afirmou que as canoas que velejavam no rio Madeira e afluentes detinham, geralmente, a capacidade para o transporte de 1.000 até 2.000 arrobas de mercadorias. Já Martius, outro autor citado, menciona a capacidade de 2 a 3 mil arrobas, além do peso da média de 20 homens (Holanda, 2014, p. 181).

outros. Mesmo com a concessão de isenções e privilégios somada à subida de preços, tal rota não conseguiu dar sequência como a sulista.

Por fim, outra forma de velejar até o Mato Grosso foi através das balsas, especialmente no trajeto que se iniciava no Sudeste e em épocas de inundações. De acordo com jesuítas, no geral, eram produzidas com duas canoas e uma plataforma de paus e taquaras. Algumas até comportavam abrigados cobertos com telhas, forrados no interior com couro e camas – as chamadas "casas portáteis" descritas pelo cronista Barbosa de Sá. Embora não tivessem grande durabilidade e resistência, estima-se que ao menos 700 balsas tenham descido o rio Paraná no tempo das monções (século XVIII e primeiras décadas do XIX). Segundo Holanda, possivelmente tenham sido usadas devido ao melhor conforto em relação às canoas. Em certa ocasião, exemplifica o autor, um missionário jesuíta relatou que os padres, nas casas montadas nas balsas, podiam ler os seus livros e fazer orações como se estivessem em terra firme ou entre paredes de colégios (Holanda, 2014, p. 179).

A documentação sobre o caminho terrestre ao Mato Grosso, de forma geral, é esparsa e genérica, mas sabe-se que por ele houve inegável fluxo comercial. Uma tabela elaborada no ano de 1771 corrobora essa questão. Naquele ano aponta que entraram no Mato Grosso via Goiás 64 cativos, juntamente com 121 originários da Bahia. Considerando que no início do século XIX, 35% de tudo que chegava a Goiás era proveniente da Bahia (Doles, 1972; Lima, 2010), temos boas razões para acreditar que ao menos 1/3 desse grupo indicado como originário de Goiás também pudesse ter sido adentrado anteriormente pela Bahia, tanto pelo caminho dos "sertões do Norte" como pelo "currais".[5] Em todo caso, o número só estava abaixo da quantidade de cativos comercializados pelo Rio de Janeiro (260).[6]

Diferentes fontes também dão conta do trânsito de escravizados nesse caminho terrestre. Na segunda metade do século XVIII, Luiz de Albuquer-

---

[5] Vale lembrar que o processo de conquista e estabelecimento do não indígena no território hoje identificado como Goiás, foi gradual e, assim como o Mato Grosso, inicialmente impulsionado pela busca do ouro. Lima afirma ser marcado por três fases: a primeira vinculada ao "rush minerador", entre 1726 e 1749, no qual são fundados povoados conforme a descoberta de minas; na segunda metade do século XVIII, com a criação de núcleos não mineradores, voltados para produção de gêneros de abastecimento; e, por fim, a partir da década de 1830, com a diminuição da economia mineira paralela ao fortalecimento do processo desencadeada pela expansão da pecuária. Nesse contexto, o "caminho dos currais" se configurou como uma das principais rotas de entradas no Goiás. Embora existissem outros caminhos, no século XVIII foi o principal via de acesso à região. O caminho, que seguia de Salvador a Vila Boa, era permeado de fazendas, sítio e registros. Para ser percorrido, demandava em média dois meses. Sobre o caminho dos currais, ver relato de Luís Menezes (1783). Para uma análise do processo de conquista e expansão no território de Goiás, ver Lima (2010).

[6] Sobre a tabela, ver Lordelo (2010) e Rodrigues (2019).

que relatou pormenorizadamente nas instruções para o seu irmão João de Albuquerque de Mello e Pereira e Cáceres a situação em que se encontrava a Capitania, tanto interna como externamente (sobretudo quanto às relações com as províncias dos Moxos e Chiquitos, nos domínios castelhanos). O capitão-general, no § 30 do documento, também apontou a existência de uma boa relação entre a Bahia e a região: "Pelo certão do Cuyabá se liga a mesma Capitania com a de Goyás, e se matem aberto *há poucos annos* huma boa correspondência com a Praça da Bahia, pelo que toca ao comercio dos escravos" (Doc. 2).[7]

Já no ano de 1805 registrou-se nos Anais do Senado de Cuiabá a chegada de 3 baianos e seus escravos: Joaquim da Silva Prado, com 9 cativos; Jozé Pinheiro, com 25; e Manoel Dias Gonçalves, com 49 cativos. Informou-se, ademais, que, além desses, chegou no mesmo ano o particular Joze Roiz de Sá, provindo do Rio de Janeiro e acompanhado de 25 escravos. Contudo, não se especificou se Sá havia tomado a rota sul ou se seguira a rota terrestre por Goiás (Suzuki, 2007, p. 175). De fato, não deixa de impressionar que, só no ano de 1805, entraram em terras cuiabanas, com particulares, um total de 123 cativos, superando em números a entrada de cativos, via rota norte, trazidos pela Companhia Grão-Pará, ao longo de todo o governo do capitão-general Rolim de Moura.

Levando em conta dados oficiais e diferentes registros comerciais, é possível afirmar que a rota começou a ser transitada a partir da década de 1730. De acordo com Canavarros (2004, p. 25):

> [...] nos últimos dias de agosto de 1737, quando a Câmara de São Paulo realizava a derradeira Junta para tratar do assunto, com a participação ativa do sertanista, chegava a Cuiabá a primeira grande boiada vinda de Goiás, pelo caminho que se inaugurava. O desconhecimento desse fato pelos paulistanos foi devido à imperiosa urgência de se fazer a estrada, por Goiás, em 1736/1737, por casa da renovação dos ataques dos índios canoeiros. A câmara de Cuiabá, então, resolveu tomar a iniciativa do empreendimento que foi realizado por Antônio de Pinho Azevedo e outros sertanistas.

O trânsito e atividades no percurso também serão registrados por viajantes que cortavam o território luso-brasileiro entre os séculos XVIII

---

[7] Sobre tal rota, vale salientar que ela não é abordada na historiografia local sobre a escravidão na Capitania/Província de Mato Grosso, carecendo de pesquisas que revelem o perfil (procedência étnica, gênero, idade etc.) daqueles que por lá circulavam, fossem comerciantes, fossem cativos.

e XIX. Saint Hilaire, por exemplo, menciona que no curso da sua viagem tomou nota de uma grande caravana que partira de São Paulo e seguiria a Cuiabá, passaria por Goiás e pretendia encerrar-se na Bahia. No entanto, após o chefe da caravana ser avisado de uma grande seca que havia na Bahia, decidiu voltar a São Paulo.[8] Em outros trechos da narrativa o viajante faz menção direta ao trânsito de cativos pelo trajeto:

> [...] A pouca distância do Corumbá já encontrara uma caravana muito considerável que se dirigia a Cuiabá; uma segunda esperava na margem do rio, que o tivéssemos passado, para atravessá-lo por sua vez. Pus-me a conversar com o negociante a quem ele pertencia; disse-me que a sua tropa se compunha de sessenta cargueiros, e que, além disso, *conduzia uma dúzia de negrinhos da costa d'África. Vinha de São Paulo e ia para Cuiabá*. Esperava ter que vender a longo prazo quase todas as mercadorias, e não esperava poder voltar a São Paulo antes de dois anos (Saint-Hilaire, 1937, p. 226-227, grifo nosso).

Johann Pohl,[9] que percorreu parte do caminho que ligava o Goiás a Cuiabá, também relatou o movimento no trajeto. Segundo o viajante, em uma dada ocasião acampou juntamente com um capitão que conduzia uma grande tropa de burros desde Cuiabá com destino a Bahia, cuja intenção era vendê-los por preços elevados. Em outro trecho, apontou que no Meia Ponte, um dos principais entrepostos comerciais de Goiás, encontrou-se com um capitão que levava mais de uma centena de cavalos ao Rio de Janeiro, destinados ao rei de Portugal. Durante o percurso, mais da metade pereceu.[10]

---

[8] Auguste de Saint-Hilaire talvez seja o viajante com maior notoriedade do Brasil imperial. Entre os anos de 1830 e 1851 publicou oito tomos sobre as viagens ao interior do Brasil, inicialmente por editoras parisienses. Além da atenção aos povos indígenas, em sua narrativa aparecem registros sobre africanos, paisagens, anatomia, geografia humana, entre outros. Sobre o fato, especificamente mencionado no texto, ver Saint-Hilaire (1937, p. 67-69).

[9] Johann Baptist Emanuel Pohl foi mineralogista, médico e naturalista. Chegou ao Brasil em 1817 por meio de uma missão austríaca, cuja intenção era levantar as riquezas e potencialidades da região, bem como os costumes e culturas. Devido a sua formação de mineralogista, foi designado para estudos em Minas Gerais e Goiás. Publicou duas obras sobre a experiência no Brasil, relativa aos anos de 1817 e 1821: *Viagem no interior do Brasil* e *Plantarum Brasiliae ícones et descriptiones hactenus ineditae*.

[10] Lima argumenta ser estranho que uma doação à coroa portuguesa não pudesse considerar o quão poderia ser custosa a viagem por todo o trajeto, se poderia, por exemplo, doar os animais às guarnições de fronteira, como era frequente. Afirma que é provável que os cavalos se originassem das fazendas régias da região cuiabana ou fossem remessa de algum pecuarista particular (Lima, 2010, p. 151). Sobre os fatos narrados, ver Pohl (1976, p. 290-291).

Outrossim, vale chamar atenção para o relato minucioso elaborado pelo oficial de engenheiros português Luís d'Alincourt em 1818.[11] Nele obtemos informações sobre os diferentes núcleos habitacionais espalhados do litoral paulista a Cuiabá, além das condições de trafegabilidade. Para o trecho específico entre Goiás e Cuiabá, menciona, entre outras características, a estreiteza de alguns trechos – que só permitiam a passagem de bestas carregadas –, atoleiros, áreas com desfiladeiros escorregadios, subidas íngremes e uma quantidade bastante considerável de pousos abandonados. Na divisa entre as capitanias de Mato Grosso e Goiás, registra um posto para coleta de tributos das mercadorias que passavam ou saíam do Mato Grosso.[12]

Por fim, no registro de concessão de passaportes para comercialização de cativos de Salvador para outras partes do Império lusitano, encontramos mais um indício do quão eram regulares as relações comerciais entre o Mato Grosso e Bahia pelo caminho terrestre que atravessava o Goiás. O registro (Códice 249), que abarca o período de 1759 a 1772, indica que, de um total de 12 passaportes autorizados, foram enviados diretamente ao Mato Grosso 230 africanos e 9 crioulos. Goiás, por seu turno, recebeu 2.094 africanos e 171 crioulos (Doc. 3). Tendo em vista o constante fluxo no trajeto terrestre entre Mato Grosso e Goiás, é provável que uma parte do total de Goiás possa posteriormente ter sido enviado ao Mato Grosso.[13]

Entre os fatos a destacar, chama atenção a predominância africana em relação aos cativos nascidos em solo luso-brasileiro. De acordo com Alexandre Ribeiro, proporção explicável em torno de duas razões: ordem demográfica, levando em conta o baixo índice de reprodução que ocasionava reposição constante da mão de obra cativa; e uma questão de ordem política, considerando a preferência pela circulação de africanos, visto que a compra e venda de crioulos significava ruptura de laços afetivos, que resultavam em fugas e desestabilização do sistema (Ribeiro, 2006, p. 9).

---

[11] Nascido em Portugal, em 1787, Alincourt foi oficial de engenheiros. Publicou numerosos trabalhos sobre corografia do Brasil e assuntos militares. Uma parte considerável foi veiculada pelo Instituto Histórico e Geográfico do Brasil.

[12] Neste ponto tece críticas quanto à distribuição dos valores arrecadados. Para o autor, causava estranheza o fato do posto ser mantido por Cuiabá, mas os valores serem repassados a Goiás (Allincourt, 2006, p. 97).

[13] O Códice 249 atualmente faz parte do acervo do Arquivo do Estado da Bahia (APEB), e, além do Mato Grosso e Goiás, indica diversos outros destinos para onde foram enviados cativos adentrados na Bahia, como Rio de Janeiro, Minas Gerais e até Colônia do Sacramento. A fonte, além de informar o número de cativos comercializados, apresenta diversos outros detalhes que merecem atenção, como o destino final da população cativa comercializada, e quem eram os comerciantes.

Um conjunto de trabalhos sustenta esse último aspecto realçado por Ribeiro, como o estudo sobre as famílias de escravizados no Rio de Janeiro na virada do século XVIII para o XIX realizado por Florentino e Góes, que apontam que durante a partilha entre herdeiros 75% das famílias crioulas permaneciam juntas, ao passo que a cifra chegava a 90% entre africanos (Florentino; Góes, 1997, p. 16-17). Afonso Graça Filho igualmente indica que cerca de 96% das famílias de cativos permaneceram juntas durante a partilha em São José das Mortes (Graça Filho, 2006).

A procedência na África desse conjunto de homens e mulheres adentrados no circuito terrestre do comércio escravista também é um fator a se destacar. Segundo o banco de dados Slave Voyages, desembarcaram no Brasil entre 1701 e 1850 o total de 4.043.743 indivíduos. Desses, 1.230.255 adentraram pela Bahia, sendo a maioria oriunda da chamada África ocidental, especialmente do Benim.[14]

Em outras palavras, esses dados indicam que os 230 africanos enviados diretamente ao Mato Grosso informados no Códice 249, juntamente com esse número incerto de outros transferidos de Goiás, eram africanos originários da parte ocidental do continente africano. Essa conclusão permite ponderar, entre outras coisas, a tese de que a maior parte da população africana escravizada no Mato Grosso fosse formada majoritariamente por africanos oriundos da África Centro-Ocidental.

---

[14] Segundo o banco de dados Slave Voyages, no período 841.145 africanos foram embarcados em portos no Benim. Ver: http://www.slavevoyages.org/estimates/0W3Sc7Hr. Acesso em: 21 jul. 2020.

Figura 1 – Caminhos fluviais e terrestres a oeste

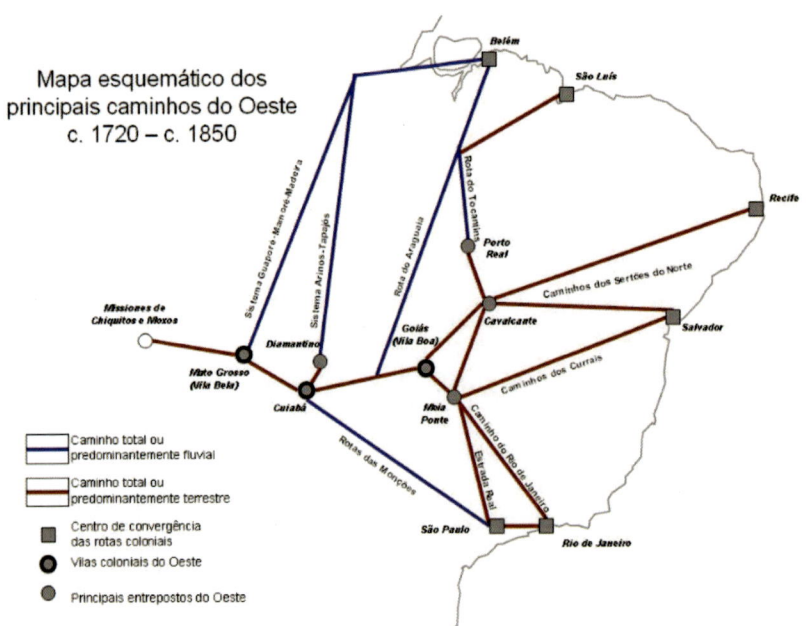

Fonte: Lima (2010, p. 135)

Importante destacar que, entre os três trajetos, o que mais levou africanos escravizados ao Mato Grosso foi o que se iniciava no Rio de Janeiro. Na tabela mencionada antes (Doc.1), de um total de 17.480, 16.606 originaram-se do Rio de Janeiro. Não podemos perder de vista que no mesmo período a cidade fluminense havia intensificado o comércio escravista com portos localizados na África Centro-Ocidental, especialmente em Luanda e Benguela. Philip Curtin observara, ainda no final dos anos 1960, que, durante o século XVIII, ocorreu uma queda nas relações escravistas com a África ocidental analogamente à elevação do fluxo comercial com Angola (Curtin, 1969, p. 207).

As recentes estimativas do Slave Voyages também indicam aumento progressivo da presença do Rio de Janeiro no comércio transatlântico de africanos escravizados. Entre 1701 e 1800, apontam que desembarcaram nas Américas 5.609.869 africanos, tendo os portos da América portuguesa recebido 1.991.362. Desse volume, enquanto a região amazônica recebeu 71.738 africanos, Pernambuco 329.335, a Bahia 815.904, o Rio de Janeiro recebeu 756.560. No século seguinte, somente nos primeiros cinquenta anos, os portos luso-brasileiros teriam recebido 2.136.360 africanos, ficando quase metade dos indivíduos no Rio de Janeiro e adjacências. A maioria oriunda dos portos da África Centro-Ocidental (Slave Voyages, 2023).

Vários fatores explicam a elevação da atividade comercial escravista no Rio de Janeiro, destacadamente as descobertas auríferas em Minas Gerais a partir da segunda metade do século XVII, que provocaram crescente demanda de mão de obra escrava;[15] e, posteriormente, a abertura de rota entre o Rio de Janeiro e Minas Gerais, que permitiu o tráfego em 10 a 12 dias da população escravizada às minas de ouro, reduzindo a mortalidade e tornando mais lucrativa a atividade.[16]

Soma-se à conjuntura econômica, relações transimperiais na América do Sul e a própria situação política na África – que, durante o século XVIII, ocasionara a redução da atividade comercial escravista acima da linha do Equador, ao passo que favorecera o aumento na África Centro-Ocidental. A década de 1720 na Costa da Mina, especificamente, é um período de intensas disputas e instabilidades entre as diversas unidades políticas da região. Nesse período, ocorre, por exemplo, a invasão do porto de "Ajudá", pelo rei do Daomé, Agaja; a intervenção do Reino do Óio, que dominava as rotas de tráfico no interior da Costa da Mina, entre os anos de 1726 e 1730; a tomada do porto de "Jaquim", pelo rei do Daomé; e, finalmente, a destruição do porto de Jaquim e forte português do Ajudá.[17] Devemos acrescentar também a atuação holandesa na região, com saques e apreensões de embarcações, que acabou por contribuir para que se esfriassem as atividades. Como a Costa da Mina era a principal fornecedora dos traficantes baianos, o fornecimento para a região, nesse quadro, ficava comprometido.

O quadro era significativamente diferente abaixo da linha do Equador, onde, desde o século XVII, comerciantes escravistas se instalavam, em busca de condições comerciais seguras e menos burocráticas. A movimentação comercial entre Luanda e Benguela (localizadas no que se conhece hoje

---

[15] Sobre o aumento da demanda de escravos, após o crescimento da mineração em Minas Gerais, ver Charles Boxer (2002, p. 167-173).

[16] Inicialmente, a rota entre o litoral luso-brasileiro e Minas Gerais percorria um trajeto de 1.200 quilômetros. Com a abertura da rota pelo Rio de Janeiro, a distância reduziu a 480 quilômetros, o que incontestavelmente tornava mais atrativa a rota (Florentino; Ribeiro; Silva, 2004).

[17] Em primeiro lugar, na década de 1720, a região enfrentava um período turbulento, com disputas políticas entre diversos reinos africanos. Destaca-se nesse contexto a invasão do porto de "Ajudá", pelo rei do Daomé, Agaja; a intervenção do Reino do Óio, que dominava as rotas de tráfico no interior da Costa da Mina, entre os anos de 1726 e 1730; a tomada do porto de "Jaquim", pelo rei do Daomé; e, finalmente, a destruição do porto de Jaquim e forte português do Ajudá (Florentino; Ribeiro; Silva, 2004, p. 86).

como Angola) era emblemática nesse sentido, pois, enquanto se reduzia o comércio escravista na Costa da Mina, registrava-se nelas crescimento de fluxo comercial.[18] De acordo com Ferreira, as atividades comerciais escravistas já haviam se iniciado um pouco depois da fundação de Benguela, em 1617. No entanto, a intensificação do comércio só veio a se dar a partir da década de 1650, em função da expansão global do comércio de escravos em Angola. Essa expansão foi provocada, em larga medida, pelo aumento da demanda de escravos no Brasil à luz das descobertas auríferas, juntamente com a fuga das práticas monopolistas dos governadores, que obrigaram mercadores a buscar outras regiões da Angola; contribuiu, além disso, a falta de burocracia, como a observada em Luanda, o que favorecia uma prática de mercado mais livre na região.[19]

Ao contrário de Luanda, não existia, no século XVII, uma extensiva rede de postos da administração portuguesa no interior de Benguela. Acrescenta-se, a essa razão, a incapacidade de Benguela para conduzir operações militares de larga escala. Tal falta de burocracia tornou a região um lugar atraente para mercadores. Ao mesmo tempo, verificava-se a queda na exportação de escravos em Luanda.

Destarte, acreditamos que existam fartas razões para concluir que a maior parte dos africanos trazidos ao Mato Grosso durante o século XVIII tenha sido proveniente da África Centro-Ocidental.

Em resumo, após considerarmos o cenário local e global entre os séculos XVIII e XIX, adiante refletiremos sobre o que consta nas fontes impressas ou manuscritas acerca da resistência de homens e mulheres escravizados contra a escravidão na Capitania/Província de Mato Grosso.

A presença negra nos caminhos até o Mato Grosso, segundo as fontes do período colonial e imperial

Durante os séculos XVIII e XIX numerosos foram os registros que deram conta da presença e resistência de homens e mulheres contra a escravidão nos deslocamentos até a Capitania/Província de Mato Grosso, desde

---

[18] De acordo com José Curto (1993, p. 362), existe uma tendência crescente de comércio escravista ao longo do século XVIII, chegando ao seu auge na década de 1790 (especialmente no ano de 1793 quando foram enviados do Porto de Benguela 11.668 cativos) e, posteriormente, conhecendo um declínio gradativo. Segundo o autor, entre os anos de 1730 e 1828, foram embarcados do porto de Benguela a volumosa quantidade de 407.166 cativos.

[19] Segundo Roquinaldo Ferreira, na metade do século XVII o comércio de escravos em Luanda era diretamente controlado por autoridades coloniais, que cobravam direitos para financiamento de campanhas militares no interior de Luanda (Ferreira, 2003, p. 75-76).

relatos de viajantes até relatórios elaborados por militares ou autoridades políticas. Nesses documentos encontramos notícias sobre formação de quilombos, confrontos com feitores, fugas, entre outros. O diário elaborado pelo francês Hercules Florence entre os anos 1825 e 1829 é uma das fontes que ajudam a entender esse processo, e também o que poderia ser uma viagem ao Mato Grosso naquele período. Produzido originalmente no idioma francês para registrar a expedição científica chefiada pelo barão Langsdorff, foi trazido a lumesomente cerca de cinquenta anos após a sua criação, traduzido pelo Visconde de Taunay e publicado no tomo 38 da *Revista do IHGB* em 1875.[20] Nas páginas que o compõem, são apresentadas minúcias, desde os procedimentos para organização de uma expedição fluvial que seguia pela bacia do rio Tietê, até as formas para obtenção de alimentos durante a viagem,diferentes sujeitos e obstáculos naturais.

Já de partida, ao narrar o trecho que ligava o Rio de Janeiro ao porto de Santos, afirma que eram levados na mesma embarcação 65 cativos oriundos da África:

> [...] além das cargas e da bagagem nossa que levava, transportava 65 escravos, negros e negras, recentemente introduzidos d'África e todos cobertos duma sarna, adquirida na viagem, que, exalando grande fétido, poderia nos ter sido nociva, caso durasse mais o contato a que ficamos obrigados e fora a atmosfera calma e parada (Florence, 2007, p. 1).

Não obstante as recomendações de médicos higienistas, na passagem do século XVIIIpara o XIX, de que os africanos desembarcados fossem conduzidos a um local de quarentenano qual poderiam ficar até oito dias, a fim de evitar a proliferação de doenças contagiosas (Conrad, 1985, p. 58),[21] a presença de cativos adentrados pelo Rio de Janeiro e transportados

---

[20] Sobre a expedição e a posição do autor do diário, valem alguns esclarecimentos: 1) A expedição, chefiada por Langsdorff, que era cônsul do governo russo no Brasil, pretendia coletar amostras da fauna e flora e informações sobre os povos nativos do Brasil; 2) Florence, que em 1825 vivia no país havia poucos meses, foi selecionado para ser o segundo desenhista, ao lado de Amado Taunay, o primeiro desenhista. Além deles, foram escalados para expedição o botânico Luís Ridel, o oficial da marinha e especialista em observações topográficas Rubzoff, entre outros. Acerca das condições de publicação da obra, no primeiro prefácio, o tradutor – Visconde de Taunay – afirma que o manuscrito foi encontrado ao acaso por ocasião de uma mudança na residência da família Taunay. Para publicá-lo, conseguiu autorização diretamente com o autor, que naquela altura residia em Campinas, interior de São Paulo (Taunay apud Florence, 2007).

[21] Entre as várias enfermidades agravadas nos navios negreiros, destaque para o escorbuto, surtos de sarampo, diarreias e oftalmias. Acerca dos procedimentos de quarentena e inspeção em navios negreiros recém-chegados da África antes de 1831, ver o estudo publicado por Marcus Carvalho e Aline Biase (2016), baseado em dados reunidos da Provedoria-Mor de Saúde de Recife, um dos principais portos escravistas do Brasil no período.

à Província de São Paulo era registrada pelo desenhista já no primeiro dia e voltaria a se repetir em vários outros trechos.

Na transição entre as bacias dos rios Tietê e Paraná, por exemplo, menciona a existência de um rio chamado "Quilombo", referência a um antigo ajuntamento de negros fugidos abatido após ser descoberto por uma monção que retornava de Cuiabá. De acordo com o desenhista, assim que os monçoeiros chegaram a Porto Feliz, formaram uma expedição, retornaram ao quilombo e capturaram cerca de 120 negros (Florence, 2007, p. 38).

A Cuiabá dos anos 1820 também ganha espaço nas páginas do diário de Florence. A narrativa, juntamente com a apresentação minuciosa de como se organizava a cidade – aspectos econômicos, disposição das casas, características geológicas etc. –, mostra uma cidade marcada pela presença indígena e negra. Ao falar sobre a criação de animais na cidade, afirma que não havia falta de cavalos; embora fossem de menor qualidade, eram adquiridos dos Guaicurus (Florence, 2007, p. 125). Cabe lembrar que esses grupos indígenas habitavam as margens do rio Paraguai e, na parte ocidental, executavam as suas ações entre os rios Taquari, ao norte, e Jejuí, ao sul. Eram conhecidos principalmente pela domesticação e uso de cavalos.[22]

A população negra, por seu turno, é mencionada em várias ocasiões, como no momento em que discorre sobre a capacidade aurífera e "produtividade" de um cativo com a coleta do ouro ou quando indica o perfil dos que se dedicavam a "ofícios e artes".[23] Em outro trecho específico, ao comentar sobre os "costumes dos habitantes", especialmente das mulheres da classe média, afirma que era comum o que chamava de "contato pernicioso" com negros e negras.[24]

Em especial, uma passagem da narrativa de Florence dá dimensão do quão penosa poderia ser a vida de um homem negro na região. Ao descrever a chegada de D. Antônia à "Fazenda Buriti", próxima à vila de Guimarães, informa a utilização de cativos como "carregadores":

---

[22] Os guaicurus eram bastante conhecidos, inclusive pelos espanhóis, que já em meados do século XVI organizaram uma expedição punitiva, sob comando de Cabeza de Vaca. Sobre a territorialidade ocupada por tais grupos e histórico de relações, ver Petschelies (2015).

[23] Segundo Florence, em Cuiabá, especialmente pardos e negros estavam envolvidos com tais afazeres. Sobre a produtividade negra, o viajante observa em seu relato que, devido a técnicas defasadas de exploração do solo, ela costumava render em média 300 a 400 réis (Florence, 2007, p. 125).

[24] Vale ressaltar que o desenhista tece tal observação ao analisar a situação conjugal na cidade, que, segundo ele, era marcada pela pouca frequência de casamentos – mais entre pessoas com idade avançada –, com muitas intrigas amorosas entre pessoas casadas ou solteiras (Florence, 2007, p. 127-128).

> [...] Viajava de um modo novo para nós, carregada por dois negros numa rede suspensa a uma grossa taquara de guativoca. De muda iam outros dois pretos aos lados. Acocorada nessa rede e a fumar num comprido cachimbo, vinha ela seguida de negras e mulatas, todas vestidas limpamente e carregando à cabeça cestos, trouxas e roupas, vasilhas de barro e outros objetos comprados há pouco [...] (Florence, 2007, p. 144).

Mais à frente, menciona a chegada de um grupo de cativos oriundos da África a *Serra Acima*:[25]

> [...] Um homem que conduzia seis ou sete escravos recém-chegados da África, meio nus e coberto ainda da sarna que esses desgraçados apanham na viagem marítima, foi surpreendido por um desses nevoeiros no seguir estrada que ele não conhecia bem. Perdeu-se e achou-se no meio doscampos, sem ver nada diante de si e sem saber onde estava. Os negros passaram a noite tolhidos de frio e no dia seguinte estavam tão inanimados e tesos, que o negociante, supondo-os mortos e não podendo mais consigo,montou o cavalo e começou a vagar ao acaso. Andou todo o dia, indo e voltando sobre seus passos. À tarde o tempo clareou e foi o que o salvou, porque viu um sítio e lá chegou mais morto do que vivo e já sem fala. Desceram-no do cavalo, aqueceram-lhe os membros gelados, deram-lhe umcaldo de galinha, e pouco a pouco foi voltando a si. Havia dia e meio que nadacomera. Foram à procura dos negros e os encontraram sem vida no lugar onde o negociante os deixara (Florence, 2007, p. 146-147).

Ao longo da narrativa de Florence, também encontramos indícios de outros sujeitos.Ao discorrer sobre a estadia em Porto Feliz e preparativos para a viagem, menciona o mestre-construtor, contratado com a mediação do cirurgião-mor para construir as canoas que foramusadas na expedição, e os demais participantes da expedição: o guia e seu substituto,ajudantes, três proeiros (homens encarregados de vigiar a proa), dezoito remadores,

---

[25] Serra Acima era como se chamava o atual município de Chapada dos Guimarães. O fato narrado é um exemplo utilizado por Florence para descrever o frio e a neblina da cidade, que, segundo ele, poderia matar até "gente como na Rússia" (Florence, 2007, p. 146).

caçadores, criados e cativos. Todos distribuídos em duas grandes canoas e dois batelões.[26]

Apesar de se tratar de uma expedição com fins científicos e de ser menor do que as grandes monções comerciais que transitavam entre o sudeste luso-brasileiro e extremo oeste, acompanhar o seu percurso dá dimensão sobre o que poderia ser a viagem que levava a população cativa recém-chegada no território luso-brasileiro para o interior, na virada do século XVIII para o XIX; não bastasse serem obrigados a carregar bagagens nos momentos dedescanso e travessias de áreas com cachoeiras, a dar reforço a remadores, poderiam, ainda, estar mais vulneráveis a ataques de nações indígenas no caminho.

Provavelmente é no relato de Florence que encontramos as informações mais detalhadas da antiga Fazenda Jacobina, localizada nas imediações do atual município de Cáceres-MT. Propriedade do tenente-coronel João Pereira Leite durante o momento em que a expedição por ela passou, era conhecida por ser uma das fazendas mais ricas da Província, com quatro léguas de território, vasta área de pastos, lavoura e uma considerável população. Segundo o viajante, a Jacobina contava com 200 cativos e 60 crianças, igual número de agregados, mulatos e indígenas. Possuía centenas de gados, cavalos, jumentos, cabritos e mais de uma centena de burros que levavam os gêneros alimentícios às cidades vizinhas para comercialização. Embora a cana-de-açúcar fosse o principal gênero cultivado, na propriedade também eram plantados mandioca, feijão, milho, café, entre outros.

A narrativa segue com a expedição se dirigindo à cidade de Diamantino, local onde navegariam pelo rio Arinos em direção aos rios da bacia amazônica, o destino final da expedição. Aqui, mais uma vez, ganha destaque a população negra, responsável pela cata diária de diamantes. Nesse trecho, conhecemos o cotidiano de uma cidade mineira, com homens e mulheres escravizados obrigados a entregar uma cota diária, restando o excedente

---

[26] Cabe lembrar que um desses batelões foi adquirido durante a viagem para distribuir o excesso das bagagens. O batelão se tratava de uma embarcação menor sustentada por duas canoas com uma barraca armada na proa. Florence seguiu a maior parte da viagem nessa última embarcação. Acerca das duas canoas, produzidas a partir das árvores de peroba e chimbó, o autor tece o seguinte comentário: " [...] Tinham cinco pés de largo, sobre 50 de comprimento e três e meio de profundidade, feitas de um só tronco de árvore, cavado e trabalhado por fora, de fundo chato e com pouca curvatura. Esse fundo era de duas e meia polegadas de espessura, a qual ia diminuindo até a borda, onde não tinha mais de uma polegada. Uma larga faixa de madeira, pregada solidamente, guarnecia as duas bordas e bancos deixados no interior das canoas aumentavam-lhes a solidez, além de duas grandes travessas que concorriam para o mesmo fim. Estas embarcações assim construídas são muito pesadas: entretanto, embora fortes, não podem comumente resistir ao choque nos baixios, quando impelidas pela rapidez das águas" (Florence, 2007, p. 18).

para se vestirem e comerem. O viajante nota, inclusive, a inviabilidade da cota, tendo em vista o estado de decadência da atividade mineira na região. Segundo ele, era frequente proprietários cobrirem a alimentação de cativos, já que o prejuízo seria maior com a morte por fome. "Como devo exigir de meus escravos que me deem o que não acham?", palavras de um mineiro a Florence (2007, p. 200).

Cabe ressaltar que a carestia experimentada em Diamantino no período era igualmente vivenciada pela Província de Mato Grosso. Na virada do século XVIII para o XIX, ocorrera uma "crise mineira", obrigando um rearranjo das forças produtivas na região. Nesse contexto, a população cativa que estava empregada majoritariamente nas minas foi, gradualmente, deslocada para outras atividades, tais como o trabalho nas lavouras, afazeres domésticos, pastoris, entre outros (Volpato, 1993, p. 15).

Em todo caso, mesmo com a crise enfrentada na região, Florence não deixa de chamar atenção para "achados" que poderiam favorecer a população negra. Afirma que, enquanto esteve na cidade, presenciou uma mulher negra encontrar uma pedra no valor de 300$000 réis. Em outro trecho, aponta que conheceu o velho preto Cabinda, que conseguiu comprar a própria liberdade, depois libertou as mulheres e filhos, comprou lavras, outros cativos e libertou, ao menos, vinte, todos fortes e contentes, segundo o viajante. No dia de São Benedito, ofereceu uma grande festa, convidou os principais habitantes e mandou chamar os membros da expedição. A festa contou com solenidade religiosa, doces, bailado da "terra deles" e seguiu o dia percorrendo as ruas da cidade (Florence, 2007, p. 201). Não obstante a compra da própria liberdade com o excedente seja notoriamente conhecida e estudada pela historiografia nacional, não deixa de ser curioso que, em pleno sertão, marcado pela escassez de mão de obra, um homem africano escravizado pudesse não somente acessar essa possibilidade para obter a liberdade, bem como estendê-la aos seus familiares e amigos.

Nos Anais do Senado da Câmara de Cuiabá também é possível localizar informações sobre a resistência de negros escravizados contra a escravidão ao longo dos caminhos até o Mato Grosso. A história de Sebastião de Benguela é um exemplo. De acordo com os Anais, ele era trazido em uma grande monção de 50 canoas liderada por Jozé Cardoso Pimentel. Precisamente, no momento de passagem pelo Pantanal, a monção foi emboscada por um ataque fulminante. Apesar da resistência, a monção sucumbiu restando apenas Sebastião e quatro sobreviventes que relataram os seguintes fatos:

> [...] Achou se no mesmo conflito hum negro por nome Sebastião de nação Benguella corpulento, e forçozo, peleijou este primeiro de sua canoa com hum varejão com tanta vantagem, que cada bordoada, que com elle dava, era hum inimigo morto e vendo que na canoa não esgremia a seo gosto, saltou para o campo, aonde deo que fazer a turba, que toda cahio sobre elle para o prenderem, e não matar, e querendo-o amarrar sacaram lhe o varejão das mãos, porem elle avanssando abrassos, a hum arancou a lingoa, e a outro torsseo o pescosso, que lhe pós a cara para as costas, thé que a sugeitarão, e levarão vivo com toda a mais companhia, sem que escapassem mais que quatro pessoaz, que por terra trouserão a notícia (Suzuki, 2007, p. 67).

Não é casual que esse relato tenha sido produzido nesse período e que tenha os indígenas Payaguás como um dos protagonistas. Os Payaguás, na altura do século XVIII, viviam ao longo da bacia do rio Paraguai, espacializados por uma extensão estimada em 1.000 quilômetros conquistada pela força das armas (Lucídio, 2013, p. 93). Também eram chamados de "corso", por serem nômades, viverem em canoas e sobreviverem de assaltos e recursos do pantanal. Felix Azara assim os definia como povos de origem "[...] puramente marinera, y dominaba privativamente La navegación del Rio Paraguay... su union com El Paraná... por esta razon llamaban entonces los guaranis à este Rio Paraguay, rio de los Payaguás, cuyo nombre alteraron algo los espagnoles" (Azara, 1847 *apud* Canavarros, 2004, p. 249).

Os Payaguás estavam divididos em dois grupos: os Siacua ou Agace, localizados ao sul; e os Sariguê, ao norte. Estes últimos estabeleceram contato tanto com moradores de Assunção (domínios espanhóis) quanto com forças luso-paulistas, no confronto direto, principalmente nos caminhos que levavam às minas do Cuiabá (Canavarros, 2004, p. 249).

Em relação à presença negra no caminho terrestre até o Mato Grosso, vale considerar o relato do próprio Luís d'Alincourt antes citado. O autor faz referência a ela em duas situações entre Goiás e a Capitania. Na primeira quando explica a origem do nome do "Morro da Rapadura", que ganhou essa alcunha após um negro ser assassinado por um negociante de rapadura na localidade; e na descrição do grande engenho dirigido pelo Padre Albuquerque, distante a três léguas do rio São Lourenço. De acordo com Alincourt, quando passou pela propriedade, o engenho contava com mais de uma centena de cativos, de ambos os sexos e variadas idades. Era dirigido pelo próprio padre, que, apesar de encontrar-se em idade avançada, afirmava encontrar-se com grande disposição. De acordo com o autor, com a morte do padre pouco tempo depois, o sítio foi abandonado e a população cativa foi posta "à praça" devido a interesses do capitão-general do Mato Grosso (Canavarros, 2004, p. 104).

Tudo leva a crer que o Padre Albuquerque era o mesmo que havia se envolvido em uma disputa para instalação do engenho na região do rio São Lourenço em 1781. Na ocasião, o padre Manuel de Albuquerque Fragoso encaminhara uma extensa carta ao capitão-general do Mato Grosso, Luís de Albuquerque de Melo Pereira e Cáceres, na qual informava as condições do seu estabelecimento na região e advogava por autorização para implantar um engenho de açúcar. A seu favor o padre argumentava que, apesar das dificuldades em plantar em um "sertão tão estéril", já tinha um considerável número de indivíduos, muitas plantações, roças de milho, quartéis de mandioca, algum canavial, algodão, mamonas, e que a povoação que tentava consolidar era de suma importância, principalmente aos transeuntes que circulavam da Capitania de Goiás e Cuiabá. O padre também informava que havia gastado 700 oitavas de ouro para construir e manter o lugar, pois, além das plantações, precisava custear salários de feitores, arrieiros, camaradas, carapinas, vestuário, bestas, cavalos e, especialmente, a sobrevivência de cativos. Por todo o exposto, o reverendo alegava que a autorização para implantação do engenho ajudaria a garantir a manutenção do lugar (Doc. 4).

Ao saber sobre o pedido o juiz de fora, Antônio Rodrigues Gaioso escreveu uma carta ao capitão-geral argumentando ser o pedido do padre inconsistente, pois, segundo ele, havia ordens superiores para não fundar novos engenhos, e que os engenhos existentes em Cuiabá eram fruto de acordo entre a Câmara e o rei. Em nome da vila de Cuiabá, posicionava-se contrário ao pedido (Doc. 5). Apesar dos argumentos, quatro meses depois Luís de Albuquerque concedeu licença para o padre erigir o seu engenho.[27]

Por fim, o conjunto de documentos produzidos em torno da expedição chefiada por Alexandre Rodrigues nos ajuda, igualmente, a entender a presença negra no caminho que ligava o Mato Grosso a Belém. A expedição chefiada por ele inscrevia-se no que era conhecido nos anos setecentos como "expedições filosóficas" – empreendimentos financiados por Estados que buscavam levantar o potencial exploratório dos territórios considerados

---

[27] O embate a respeito do engenho do padre seguiu-se, pois logo depois o padre solicitou isenção de tributos, e a Câmara da vila de Cuiabá reagiu. Para uma análise desses conflitos, ver Vanda Siva (2015, p. 40-44).

sob os seus respectivos domínios. Ocorrida entre os anos de 1783 e 1792, foi financiada pelo Estado português, idealizada e organizada por Domingos Vandelli, no período pós-pombalino.[28] Além de assumir a missão de explorar as riquezas do interior do território colonial, a expedição deveria fazer estudo etnográfico, preparar material com produtos naturais ao Real Museu de Lisboa e tecer considerações filosóficas e políticas sobre os territórios percorridos. Embora seus feitos tenham sido conhecidos décadas posteriores à sua realização,[29] o conjunto de legados foi verdadeiramente notável:

> [...] A expedição Ferreira legou-nos inúmeras memórias sobre flora, fauna, minérios, populações indígenas; herbários, animais empalhados, amostras de madeiras, coleções mineralógicas, além de centenas de desenhos e aquarelas e uma riquíssima coleção etnográfica sobre populações indígenas, além de precisas informações sobre os territórios recém-ocupados pelos lusitanos na raia fronteiriça entre as duas Américas ibéricas (Costa, 2001, p. 996).

Ao longo dos anos em que navegou pelo rio Madeira e esteve no Mato Grosso, Ferreira apresentou às autoridades lusitanas abundantes pormenores, com informações que versavam desde o rio Madeira, afluentes, ilhas fluviais, praias, flora, fauna, até a história de navegação pela região.[30] Em meio aos documentos produzidos no Mato Grosso, encontramos fartos comentários sobre a mão de obra cativa na Capitania de Mato Grosso em finais dos anos 1780. Ferreira, ao descrever a situação das lavras de "São Vicente", relaciona a "não prosperidade" da exploração mineira na região ao que considerava baixa introdução de escravizados. Segundo o autor, adentram no Mato Grosso pelo Rio de Janeiro, Bahia e Belém 721 cativos, entre 1786 e 1789.[31] Adiante, aponta que o excesso de cobranças de taxas e tributos por cativos os encareciam demasiadamente. Entre a Bahia e Mato Grosso, detalha as seguintes despesas: cobrança de direitos e despachos por 9$000; registro em

---

[28] Além da expedição designada a Alexandre Rodrigues, que recém havia se doutorado na Universidade de Coimbra em Filosofia Natural (1779), Vandelli fora o idealizador da expedição realizada a Moçambique (1783-1793) chefiada por Manoel Galvão da Silva; e a Angola (1783-1808), liderada por José da Silva.

[29] De acordo com M. de F. Costa (2001, p. 996), em grande parte se deve aos saques realizados e desencadeados pela invasão napoleônica em 1808.

[30] Em 2007, a Kapa Editorial publicou uma coletânea de cartas e aquarelas produzidas na expedição chefiada por Alexandre Rodrigues. Especialmente, o terceiro volume versa sobre a passagem por Mato Grosso, com cartas desde a passagem pelo rio Madeira a aquarelas das lavras de ouro na capitania. No interior do material, o autor apresenta um histórico das principais navegações pelo rio Madeira e afluentes, desde a navegação de Pedro Teixeira até Quito em 1632. O material foi organizado por João Paulo Monteiro Soares e Cristina Ferrão (2007).

[31] Especificamente, foram 143 em 1786, 182 em 1787, 143 em 1788 e 253 em 1789 (Ferreira apud Soares; Ferrão, 2007, p. 56).

Goiás com 3$000; registro no rio Jauru por 3$000, que totalizava 15$000, além dos investimentos com o sustento de cada cativo pelo trecho, que variavam de 18 a 20$000. Resultava que um cativo adentrado pelo trecho terrestre iniciado na Bahia, cortando Goiás até o Mato Grosso, não custava menos que 165$000 (Ferreira *apud* Soares; Ferrão, 2007, p. 56-57).[32]

No comentário tecido acerca da população cativa, ainda explicita a diferença entre africanos oriundos da Costa da Mina e os Angolas e Benguelas. Segundo o naturalista, enquanto os primeiros eram mais adequados ao trabalho nas minas e, portanto, mais "caros", os segundos "aturavam menos", fugiam mais, porém eram comercializados por preços menores. Em certo trecho da análise, acrescenta que o excesso de "tarefas pesadas" propiciava maior propensão ao adoecimento e que a densa mata do Mato Grosso possibilitava a realização de fugas para todos os lados (Ferreira *apud* Soares; Ferrão, 2007, p. 57).

***

Em 1940, Walter Benjamin, em suas *Teses sobre a História*, defendeu que o historiador pudesse "escovar a história a contrapelo", ou seja, buscar a contranarrativa dos vencidos, daqueles cujas existências foram marcadas pela exploração e violência. Ao escavar os meandros dos textos contra as intenções de quem os produziu, também é possível fazer emergir as vozes incontroladas. O historiador, mais do que qualquer outra pessoa, tem diante de si essa privilegiada possibilidade de despertar centelhas de esperança no passado, mas também farejar sonhos e aspirações que não chegaram a se expressar em realidades duradouras (Konder, 1999).

Não obstante as limitações e o estado fragmentário das fontes refletidas, podemos observar que negros lutaram, negociaram e, em muitas situações, foram protagonistas das suas próprias trajetórias. É mais do que necessário provocar um movimento para trazê-los ao centro da narrativa como sujeitos e protagonistas, a despeito da intenção dos que produziram os relatos.

---

[32] Cabe lembrar que, além dos caminhos fluviais ao Mato Grosso, durante os séculos XVIII e XIX houve também um caminho terrestre que adentrava à região pela Capitania de Goiás. Apesar de essa rota ter sido mais intimamente conectada com a praça mercantil de Salvador, nela circulavam comboios de várias partes do território luso-brasileiro. Um dos relatos sobre o caminho foi elaborado pelo engenheiro Luís D'Alincourt (2006), que seguiu de Santos a Cuiabá, por Goiás.

CAPÍTULO 2

QUILOMBO DO QUARITERÊ: REFLEXÕES SOBRE A PRESENÇA INDÍGENA E ABORDAGEM DA LIDERANÇA DE TEREZA DE BENGUELA NAS FONTES ESCRITAS (1730-1795)

O Quilombo Quariterê é considerado o maior quilombo do oeste luso-brasileiro. Formado provavelmente na década de 1730, desafiou a sociedade escravista até final do século XVIII, causando grandes incômodos e pressão sobre a classe senhorial da região. A sua mera existência era um convite aberto para novas fugas, e um desafio à capacidade militar da Capitania, de modo que o seu abatimento passou a ser reivindicado por razões econômicas, militares e políticas. Alegavam as autoridades políticas da Capitania que o quilombo estimulava fugas e prejuízos econômicos, instabilidade na fronteira com a coroa espanhola e atingia o ânimo dos habitantes que migravam para as minas de Cuiabá e Mato Grosso.

Não obstante ter sido formado durante a década de 1730, somente foi organizada a primeira bandeira para derrubá-lo em 1770. Naquele momento, após cerca de 40 anos de existência, já havia uma considerável hierarquia política, organização econômica, social e militar. Parafraseando Flávio dos Santos Gomes, igualmente havia se formado um "pântano negro", em vista das complexas relações estabelecidas entre quilombolas e a sociedade externa.[33]

A expedição, como veremos adiante, o atacou de surpresa e foi relativamente bem-sucedida, tendo em conta que conseguiu desarticular toda organização encontrada, capturar Tereza, a principal autoridade, e uma quantidade considerável de aquilombados – além de destruir todas as hortas e queimar casas encontradas. Entretanto, outras dezenas conseguiram se evadir. Posteriormente, retornaram à região e reconstruíram outro qui-

---

[33] Na obra *A hidra e o pântanos*, o historiador Flávio dos Santos Gomes afirma que as teias formadas por quilombolas com membros externos ao quilombo propiciavam intercâmbios entre fugitivos, grupos indígenas, vendeiros, negociantes, pequenos proprietários, geralmente de maneira clandestina, e acabavam por se caracterizar como imensos *pântanos* nos quais as autoridades lusitanas se "atolavam", pelo fato de estarem inviabilizadas ao abatimento por completo desses espaços (Gomes, 2005, p. 35).

lombo, conhecido por autoridades portuguesas (1795) como "Quilombo do Piolho", em alusão ao rio Piolho ou a José Piolho, o mesmo que presidia o Parlamento do Quilombo do Quariterê.³⁴ Assim como outros quilombos na América portuguesa-Brasil e a "hidra de lerna", que a cada cabeça decepada nasciam-lhe outras duas, o Quilombo Grande (ou do "Piolho", como era conhecido em 1795) havia se reconstruído das cinzas dos primeiros ataques, revelando um complexo quadro político formado em torno da área ocupada pelos aquilombados, que dificultava a sua completa destruição.³⁵

Posto isso, o presente capítulo contará com três momentos. Em primeiro lugar, com a apresentação de um panorama sobre os quilombos no Mato Grosso nos séculos XVIII e XIX. Posteriormente, uma análise da presença indígena no interior do Quilombo do Quariterê. Por fim, reflexões sobre o que se diz nas fontes históricas sobre a líder quilombola Tereza de Benguela.

Notas gerais sobre os quilombos no Mato Grosso

Tal como em todo o continente americano, na Capitania/Província de Mato Grosso o sujeito escravizado aparece na documentação disponível como agente ativo e móvel, protagonista da sua própria trajetória, e lança mão de diferentes estratégias para o alcance da liberdade. O quadro/tabela apresentado pelo capitão-general Luís Pinto de Sousa Coutinho em 1771, nos traz um universo da agência cativa que explorava numerosas possibilidades, entre as quais a formação de quilombos. Somente no referido ano, informa o documento, foram trazidos 84 cativos de quilombos localizados nos arredores de Vila Bela da Santíssima Trindade e Cuiabá.³⁶

O levantamento realizado por Monique Lordelo dos quilombos registrados nas correspondências trocadas entre as autoridades da Capita-

---

[34] Importante frisar que a designação "parlamento" consta nos *Anais de Vila Bela*, e era uma forma de compreender o conselho que auxiliava Tereza à frente do quilombo. Quanto ao relato da segunda expedição movida contra o quilombo data de 1795, esse foi escrito por Francisco Pedro de Mello. O mesmo foi publicado pioneiramente por Roquette-Pinto, na obra *Rondônia*, em 1917. Ver Francisco Pedro de Mello (1917).

[35] Flávio dos Santos Gomes utiliza o termo "hidra" como uma metáfora para os quilombos no Brasil, para enfatizar as constantes formações de quilombos no Brasil, que nascem dos escombros de outros. O que se passa no Quilombo Grande entre os ataques de 1770 e 1795 segue basicamente o mesmo roteiro de outras partes do território luso-brasileiro (Gomes, 2005, p. 35).

[36] Além das informações referentes ao fluxo de escravos para a Capitania, no documento também são mencionadas intensas movimentações de cativos na localidade, com fugas para a América espanhola e arredores. Ver "Mapa dos adventícios e escravos fugidos da Capitania de Mato Grosso (1771)". Disponível em: www.cmd.unb.br. Acesso em: 25 mar. 2015. Disponível também em Lordelo (2010, p. 113).

nia de Mato Grosso, durante a segunda metade do século XVIII, também dimensiona essa movimentação cativa: entre as repartições do Mato Grosso, Cuiabá e Mojos (América Espanhola), foram localizadas notícias de 20 quilombos de variadas proporções. Nesse bojo, destacaram-se os quilombos do Sepotuba (1769), Porrudos (1769), Baures (1778), Piolho (1795), Pindaituba (1795) e principalmente o Quariterê, também conhecido como "Quilombo Grande" (1770) (Lordelo, 2010, p. 81-82).

Se quatro deles recebem tal denominação pela proximidade com rios (Porrudos, Pindaituba, Sepotuba e Baures), esse não parece ser o caso do Piolho. O quilombo abatido em 1795, formado por negros quilombolas, mulheres indígenas e caburés, poderia assim ser denominado em homenagem a José Piolho, a quem se atribuía a primeira chefia do Quilombo do Quariterê, atacado em 1770 (Siqueira; Costa; Carvalho, 1990, p.134-135); ou ao maior conselheiro de Tereza de Benguela, descrito nos *Anais de Vila Bela* como maior autoridade entre os parlamentares que assistiam a rainha, escravo de Antônio Pacheco de Morais (Amado; Anzai, 2006, p. 140). A despeito da referência, um quilombola aparentemente emprestou nome ao quilombo e, subsequentemente, à própria designação do rio.[37]

De qualquer maneira, os locais escolhidos para formação do quilombo se apresentavam como abundantes para caça e pesca, propícios para prática de agricultura e, no caso do Mato Grosso ou Cuiabá, para extração de ouro ou diamantes. É o que podemos observar em documento de 1779, em que é expedida a ordem de examinar, prender e destruir negros que se achassem aquilombados em terras minerais na bacia do Paraguai. Releva-se ainda a prisão de 4 cativos – João Mina, Caetano Mina, Miguel Mina e Mariana –, que estavam em posse de certa quantia de ouro. Com os mesmos, foram também apreendidos armas de fogo, machados, foices velhas, alavancas e panos de algodão.

Correspondências trocadas entre autoridades durante a segunda metade do século XVIII, que expressavam preocupação em manter o monopólio da exploração mineira, também manifestavam incômodo com a atuação de quilombolas. Em 1781, por exemplo, o mestre de campo Antônio José Pinto de Figueiredo, em carta ao capitão-general da Capitania de

---

[37] Posteriormente, o rio aparecerá referenciado como rio São João. Acerca do quilombo do Sepotuba, vale salientar que nos *Anais de Vila Bela* o mesmo aparecerá referenciado como próximo a um sítio chamado "Sepotuba", na repartição de Mato Grosso. Ele foi destruído pelo sargento-mor Bento Dias Botelho, a pedido do capitão-general Luís Pinto. Ver Amado e Anzai (2006, p. 131).

Mato Grosso, solicitou mais guarda e punição aos quilombolas em região de exploração mineira:

> [...] se forneça com mais força a guarda do diamantino ribeirão Paraguai, [...] e também é importantíssima procedência que Vossa Excelência fez aplicar sem perdas de tempo para dissipar, queimar e destruir inteiramente aquele quilombo de fugidos que se achavam extraindo ouro e diamantes no proibido ribeirão de Santa Ana o que tudo se executou à risca (Doc. 2).[38]

Em 1784, o mesmo mestre de campo voltaria a se referir à atuação dos quilombolas na região, afirmando que o quilombo seria grande e com ranchos espalhados por toda região.[39] Tais casos, em última instância, sugerem contatos diretos de quilombolas com comerciantes locais, não somente porque deveriam comercializar clandestinamente o que extraíam das atividades mineradoras, mas também pelo fato de estarem em posse de instrumentos e até armas de fogo, como o caso relatado de 1779.

Contatos de quilombolas com habitantes de povoados locais também são referenciados na bandeira que derrubou os quilombos que se localizavam próximos ao rio Pindaituba, em 1795. Segundo o relato da diligência que devassou os arranchamentos liderados por Antonio Brandão e Joaquim Felix, os quilombolas se dirigiam aos povoados para convidar novos cativos à fuga e também para comprarem mantimentos.[40]

Luiza Volpato, ao discorrer sobre quilombos na Capitania e Províncias de Mato Grosso, entre os séculos XVIII e XIX, igualmente constata a grande importância dos contatos para além dos domínios dos territórios quilombolas:

> [...] a sobrevivência de um quilombo dependia, em grande parte, da habilidade de seus habitantes em estabelecer teia de relacionamentos que permitisse, além do fornecimento de alguns produtos específicos, informações sobre as ações dos seus perseguidores (Volpato, 1996, p. 227).

No caso dos quilombos do Pindaituba, é importante lembrar que, antes de serem abatidos pela bandeira de 1795, de acordo com o diário da

---

[38] Ver também Lordelo (2010, p. 76).
[39] O mestre de campo alega que a localização espalhada era estratégia para rápida evacuação, caso fossem atacados por forças externas. Ver Doc. 7.
[40] Os quilombos das proximidades do rio Pindaituba foram descobertos pela mesma bandeira que havia saído para abater o "Quilombo do Piolho" em 1795. Ver Mello (*apud* Roquette-Pinto, 1917, p. 16).

Diligência escrito por Francisco Pedro de Mello, receberam a notícia da chegada da bandeira, que os obrigou a evacuar o arranchamento e montar outro a distância de seis léguas, junto ao córrego do rio Mutuca. E, posteriormente, já em novo solo, receberam a notícia da continuidade da bandeira e assim desfizeram novamente o quilombo e seguiram para novo sítio (Mello *apud* Roquette-Pinto, 1917, p. 17).

Os quilombolas que habitavam as matas nos entornos das minas do Mato Grosso e Cuiabá se viam diante de uma dupla situação: se, por um lado, existia a necessidade de se manterem afastados ao máximo que pudessem dos povoamentos escravistas para preservar a liberdade, por outro lado, também necessitavam de ferramentas, sementes para o cultivo agrícola e outros produtos indispensáveis à sobrevivência. Assim, o contato com núcleos de povoamento luso-brasileiros se dava majoritariamente de duas maneiras: ou via comércio clandestino ou por meio de ataques a sítios e fazendas.[41] Em outras palavras, se os documentos referentes aos quilombos na região, ao longo do século XVIII, nos apresentam tais lugares como a "antítese de tudo que a escravidão representava", como diria Richard Price (1996), por outro lado, também é verdade que não estavam isolados e que, por uma questão pragmática de sobrevivência, estavam em contato permanente com núcleos luso-brasileiros e até mesmo indígenas.

Em última instância, os contatos entre quilombolas e luso-brasileiros constituíam uma delicada relação: ao mesmo tempo que se exigia a urgência de recapturar e destruir quilombos, porque representavam evasão de capital e enfraquecimento da produção (sobretudo nas lavras), o fato de existirem também estimulava novas fugas e atestava a impotência do governo local em garantir a segurança e manutenção da propriedade privada. Vale acrescentar que a bandeira de 1795, ao retornar vitoriosa após ter abatido quilombos e aprisionado cativos fugitivos, acabou por levantar os ânimos da população local, fustigada pelas dificuldades e custos de ações militares na fronteira.[42]

Tais relações entre quilombolas e habitantes de povoamentos locais podem também ser observadas no decorrer do século XIX, momento em que

---

[41] Ver Jovam Silva (1995, p. 244). Segundo Flávio dos Santos Gomes, quilombolas, na América portuguesa-Brasil, se viam constantemente diante de uma situação paradoxal, uma vez que tentavam manter a autonomia ao mesmo tempo que buscavam conduzir suas relações com a sociedade externa. Em palavras do autor: "[...] Tentavam manter a todo custo sua autonomia e ao mesmo tempo agenciavam estratégias – permeadas de contradição e conflitos – de resistência junto a piratas, indígenas, comerciantes, fazendeiros, lavradores, até autoridades coloniais e especialmente junto àqueles que permaneciam escravos" (Gomes, 2005, p. 25).

[42] Volpato afirma que o retorno triunfante da bandeira de 1795 significava, além da elevação do ânimo da população local, uma vitória do capitão-general perante autoridades locais (Volpato, 1996, p. 225).

tiveram existência vários quilombos, como o de "Jangada", "Serra Dourada", Rio Roncador" e "Quilombo do Rio Manso". Este último formou-se em meados do século, segundo o Chefe de Polícia Ernesto Júlio Bandeira de Melo, separado por 30 léguas de Cuiabá e 14 da freguesia de Chapada dos Guimarães. Além de abrigar cativos fugidos, era composto por criminosos e desertores (Doc. 3). Internamente estava subdividido em várias funções:

> [...] A função de 'guardião', executada por escravos que vigiavam os arredores do quilombo e zelavam pela segurança da população quilombola; a função de 'permutador', realizada por escravos que conheciam a cidade de Cuiabá. Pois eram encarregados de fazer compras dos gêneros alimentícios e armamentos necessários ao quilombo; a função de 'mineiro', encarregados de trabalhar nas minas próximas ao quilombo, principalmente, no rio Roncador, retirando o ouro que era trocado por sal e chumbo. Por último, a função de 'lavrador', executada pelos escravos que trabalhavam nas lavouras existentes no quilombo (Delamônica, 2006, p. 130).

Essas funções dão clareza quanto às relações estabelecidas para além dos limites territoriais dos quilombos: o guardião, para proteger de possíveis incursões de forças externas; o permutador, para trocar o que se produzia no quilombo pelo mineiro ou lavrador. Todavia, no caso específico do Quilombo do Manso, o contato com os povoados vizinhos se daria a partir de dois tipos de relação, de acordo com Delamônica: "inter-relações ativas" (roubos, depredações, rapto de mulheres, entre outros) e "inter-relações passivas" (permuta, arrendamento de trabalho para ser realizado em minas, entre outros) (Delamônica, 2006, p. 131).

Vale ressaltar que no século XIX documentos como os Relatórios de Presidentes de Província informam com grande frequência a realização de bandeiras contra quilombolas, os constantes inconvenientes causados pelos mesmos e força militar mobilizada. A bandeira que partiu em 1859 da Vila Maria (atual município de Cáceres) para o quilombo que se localizava entre os rios Sepotuba e Cabaçal, a mesma região do quilombo abatido em 1769, exemplifica tal fato: na destruição do quilombo, foram apreendidas 33 pessoas. Destas, 12 eram livres e 21 foram identificadas como escravos. Ao chegarem à cidade, tais cativos foram entregues entre os seus senhores (Doc. 4). Todavia, chama atenção a quantidade de "livres" aquilombados com cativos fugidos, que sugere a continuidade de laços afetivos e até mesmo a escolha pela vida longe da sociedade escravocrata.

A existência de quilombos, além de representar prejuízos, convite constante a fugas de cativos e danos financeiros, ainda causava constante medo nos povoamentos locais. A mesma bandeira que abateu quilombos no Manso, na segunda metade do século XIX, antes citada, ao retornar parcialmente vitoriosa, causou certo alívio e ânimo nos habitantes de Cuiabá, segundo o Presidente da Província de Mato Grosso, Francisco José Cardoso Júnior:

> [...] Se a diligencia de que trato não teve um resultado esperado completo, todavia, banio para sempre a supposição de que era *impossível penetrar nos esconderijos dos calhambolas*, incutindo o receio no animo dos que escaparão, e previnindo as continuadas depredações que já não são, como d'antes, tão amiudadas e communs (Doc. 5, grifo nosso).

No discurso do Presidente da Província, nota-se uma possível crença existente na região sobre a facilidade de fuga de quilombolas ao serem surpreendidos nas ações de captura. De fato, é o que podemos observar na quase totalidade dos relatos que dispõem sobre as devassas aos quilombos.

Ademais, a formação de quilombos no Mato Grosso e Cuiabá, assim como no restante do território luso-brasileiro, foi um fator presente e recorrente. Causador de prejuízos de ordem financeira, o quilombo desafiava a ordem escravocrata. Era uma verdadeira *hidra*, que formava em torno de si um pântano, conectado de diferentes maneiras com as sociedades externas ao mesmo tempo. A sua existência, em outras palavras, não se tratava de um mero apartar-se ou distanciar-se, pois, como vimos, seria preciso tecer relações e contatos que ultrapassassem as suas territorialidades; relações expressas nas trocas comerciais, presença de informantes e na convivência com negros livres e indígenas, que podemos observar com grande clareza durante a longa existência do Quilombo do Quariterê, que analisaremos na sequência.

A presença indígena no Quilombo do Quariterê

O Quilombo do Quariterê[43] até o presente momento é conhecido por ser o mais organizado e duradouro quilombo de que se tem notícia na Capitania de Mato Grosso. Atacado em 1770 pela bandeira comandada pelo sargento-mor João Leme do Prado, sendo depois reconstruído por aqueles

---
[43] Referência ao rio Quariterê, também conhecido como rio "Piolho". Após as incursões contra quilombolas, foi renomeado de rio São João.

que escaparam, ao contrário dos demais, recebeu numerosas menções nos documentos históricos que buscaram discorrer sobre a história da Capitania, como Filipe José Nogueira Coelho (1850), Augusto Leverger (1949), João Severiano da Fonseca (1881), Taunay (1923); além do relato detalhado sobre a organização da bandeira que o destruiu, disposto nos *Anais de Vila Bela*, considerado o mais completo (Amado; Anzai, 2006, p. 138-141).

A sua formação, de acordo com as memórias de Filipe José Nogueira Coelho, provedor da Fazenda Real e Intendência do Ouro, é datada na década de 1730, momento em que se descobrem as minas do Mato Grosso. Localizado no vale do Guaporé junto ao rio Galera, quando foi surpreendido em 1770, era governado por Tereza de Benguela, que havia herdado o comando do quilombo após a morte do seu companheiro.[44]

Os detalhes sobre a organização da bandeira estão detalhadamente dispostos nos *Anais de Vila Bela*:

> [...] O Ilustríssimo e Excelentíssimo Senhor General, sendo informados das muitas e continuadas fugas que atualmente faziam os escravos dos moradores desta terra, para os matos, muito principalmente para o quilombo chamado Grande, e desejoso de evitar tão grande dano, o melhor e mais acertado meio que pôde descobrir foi o criar de novo uma companhia de soldados ligeiros para o sertão e mato, com oficiais competentes, sendo sargento-mor dela Inácio Leme da Silva, a quem deu jurisdição ampla para o castigo dos soldados respectivos à mesma companhia (Amado; Anzai, 2006 p. 138).

O então capitão-general da Capitania de Mato Grosso, Luís Pinto de Sousa Coutinho, naquele mesmo dia ordenou ao nomeado sargento-mor que aprontasse a sua companhia e partisse o quanto antes. Para tanto, mandou preparar a pólvora e bala, retiradas do armazém real, destacou um grupo de militares para auxiliar a companhia, como o cabo-de-esquadra João de Almeida com seis pedestres escolhidos, e rogou que o sargento-mor procurasse manter um inviolável segredo: a bandeira deveria partir discretamente, sem que ninguém soubesse da sua existência, a fim de que os negros aquilombados fossem surpreendidos.

---

[44] O Quilombo Grande, além de ser o mais duradouro quilombo de que se tem notícia na Capitania de Mato Grosso, também foi o que apresentou estrutura política mais complexa. Quando foi atacado pela primeira vez em 1770, estava encabeçado por Teresa de Benguela e uma espécie de "parlamento", con forme consta nos *Anais de Vila Bela* (Amado; Anzai, 2006).

Apesar de não estarem discriminadas objetivamente quais eram essas ligações entre quilombolas e habitantes de Vila Bela que poderiam prejudicar o êxito da bandeira, nos é possível conjecturar que elas seriam ativas e constantes. Para que possíveis "laços afetivos" dos aquilombados não soubessem, ou possivelmente "contatos comerciais", era preciso manter a completa discrição da organização e saída da expedição.

Findados os preparativos e divididas as despesas entre a Câmara de Vila Bela e moradores proprietários de cativos fugidos (Siqueira; Costa; Carvalho, 1990, p. 133), no dia 27 de junho, a companhia formada de 30 homens municiados saiu de Vila Bela, para chegar ao Quilombo Grande cerca de um mês depois. O trajeto percorrido seguiu o curso dos rios Galerinha, Galera, Taquaral, Piolho e Rio da Pedra, rompendo, pelo que dispõem os *Anais de Vila Bela*, "os sertões e veredas mais agrestes" (Amado; Anzai, 2006, p. 139).

O primeiro ataque se deu na noite do dia 22 de julho:

> [...] Por estarem as casas do quilombo divididas e dispersas umas das outras, em diferentes partes, abalroaram a primeira que toparam, onde surpreenderam muito pouca gente. E as mais, ouvindo alguns tiros e gritaria, se pôs em fuga, de forma que se viu precisado o sargento-mor a se aquartelar naquele sítio por largo tempo (Amado; Anzai, 2006, p. 139).

Como vários haviam fugido na primeira incursão, a companhia permaneceu aquartelada no espaço, realizando escoltas nas vizinhanças periodicamente, a partir dos rastros e trilhas deixados por fugitivos. Após semanas, entre confrontos que levaram à morte 9 quilombolas, a bandeira conseguiu reunir 41 indivíduos entre homens e mulheres.

A população total que havia no Quilombo Grande, de acordo com a documentação consultada, variava de 100 a 110 indivíduos: se nos Anais de Vila Bela afirma-se que havia 69 negros de ambos os sexos, os relatos do provedor da Fazenda Real Filipe J. Nogueira Coelho e de Augusto Leverger apontam 79. A despeito da variação, com eles também havia indígenas, que, segundo os *Anais de Vila Bela*, eram "índias, que os tais negros tinham apanhado no sertão, onde matavam os machos e traziam as fêmeas para delas usar como de mulheres próprias" (Coelho, 1850, p. 182; Leverger, 1949, p. 69).

Nos documentos que narram a queda do Quilombo do Quariterê, não existem referências sobre as possíveis origens étnicas das indígenas assimiladas. Contudo, na bandeira de 1795, que voltou para eliminar com o novo quilombo formado por remanescentes fugitivos de 1770, encontramos algumas pistas:

> [...] O Quilombo do Piolho que deu este nome ao rio em que está situado, foi atacado e destruído haverá 25 anos, pelo Sargento-mor João Leme do Prado, onde apreendeu numerosa escravatura, ficando naquelle lugar, ainda muitos escravos escondidos pelos mattos, que pela auzencia d'aquella bandeira se tornaram a estabelecer nas vizinhanças do antigo lugar.
>
> Destes escravos novamente aquilombados morreram muitos, huns de velhice e outros ás mãos dos gentio Cabixés, com quem tinha continuada guerra, afim de lhe furtarem as mulheres, das quaes hou veram os filhos Caborés, que mostra a relação (Mello *apud* Roquette-Pinto, 1917, p. 14, grifo nosso).

Alguns apontamentos podem ser realizados a partir desse trecho. Em primeiro lugar, "Cabixés" se tratava de uma denominação atribuída aos "Parecis-Kabisi" (grupo Cozárini) ou aos Guainguacuré Aruaquizados, proveniente dos Nambiquaras da região ocidental da Serra dos Parecis. A designação, de acordo com Maria de Fátima Roberto Machado, estava associada a "elementos de nível inferior" ou subalternos (Machado, 2006, p.16-23). Em todo caso, parece-nos ao menos plausível considerar que a presença indígena no Quilombo Grande seja proveniente desses grupos.

Em segundo lugar, se em 1770 é mencionada nos *Anais de Vila Bela* apenas a presença de "índias" junto aos quilombolas; em 1795, além delas, também são mencionados "índios" e "caburés"; o que sugere alianças com grupos indígenas e hibridizações, uma vez que caburé é resultado do enlace entre negros e indígenas. As mulheres indígenas presentes no Quilombo Grande em 1770 foram raptadas em situações conflituosas, como os próprios *Anais de Vila Bela* sugerem e, depois, o diário de Francisco Pedro de Mello. Posteriormente, com o desmantelamento do Quilombo do Quariterê, aparentemente foram reformuladas as relações entre os quilombolas e indígenas, que acabaram por resultar na convivência de ambos, ao passo que alguns se esvaeciam na morte por velhice. Em outras palavras, de acordo com a necessidade de sobrevivência, estratégias podem ter se alterado. Assim, para se manter fora da sociedade escravista, o quilombola precisava tecer relações tanto com povoamentos luso-brasileiros escravistas, como também com indígenas que habitavam territorialidades vizinhas.

Acerca da presença Cabixi junto aos quilombolas, vale mencionar as observações etnográficas realizadas pelo alemão Max Schmidt no início do século XX, a fim de se ampliar a visibilidade dos contatos e possíveis intercâmbios culturais vivenciados no Quilombo Grande. Schmidt, a partir de três expedições realizadas à América do Sul no início do século XX e, especialmente, após o estudo sobre os "Pareci-Ka bisí", apresenta em 1917 a sua segunda tese de doutorado, intitulada originalmente "Die Aruaken. Ein Beitrag zum problem der Kulturverbreitung" (Schmidt, 1917);[45] o objetivo principal consistia em uma análise comparativa dos povos associados à matriz linguística Aruaque (ou Arowaken), com o fim de verificar a expansão, difusão e "aculturação"desses povos.[46]

Em uma interlocução direta com numerosos autores — Karl Von Den Steinen, Paul Ehrenreich, Theodor Koch-Grünberg, Everhard Im Thurn, entre outros — e lançando mão de uma análise interdisciplinar e empírica, o autor identificou o que denominou de "aruaquização", que seria a expansão da dita cultura junto a uma vasta área, estendida da região amazônica, próximo às fronteiras com as Guianas, à região do Chaco, já em solo boliviano. Tal processo, conforme verificou o autor, operava tanto pela força como sutilmente, por meio de influências culturais.[47] Como os Aruaques eram caracterizados principalmente por serem povos agricultores, constantemente se criava a necessidade da ampliação da força de trabalho, o que acabava provocando a adoção de diferentes estratégias; entre elas, o "direito maternal" e o rapto de crianças e mulheres de povoações vizinhas.[48]

O "direito maternal" nas sociedades Aruaques, conforme Schmidt, resultaria da realização de um casamento, quando o homem passava a se

---

[45] "Os aruaques: uma contribuição ao estudo do problema da difusão cultural". A tradução para o português é de autoria desconhecida e encontra-se atualmente disponível em dois sítios: na biblioteca do PPGAS, do Museu Nacional/UFRJ, e na Biblioteca Digital Curt Nimuendajú. Esta última, que é a versão que ora analisaremos, agrega grande material relacionado a estudos etnológicos sobre populações indígenas da América do Sul. Ver Max Schmidt (1917).

[46] Os povos Aruaques, de acordo com José Antônio Souza de Deus (2009), originários da Amazônia peruana, constituíram ao longo da história sociedades ribeirinhas e sedentárias, hierarquizadas e pacíficas, dotadas de considerável estrutura sociopolítica e tradições em cerâmicas. Segundo o autor, tais sociedades mantinham propriedades coletivas, com divisão do trabalho por sexo e com prática de agricultura de produtos de subsistência como milho, mandioca, algodão, tabaco, pimenta chili, entre outros. Atualmente existe uma extensa bibliografia sobre os povos falantes do Aruaque. Ver especialmente Ruth Montserrat (1998), Greg Urban (1998), Berta Ribeiro (1995) e Robin Wright (1998).

[47] Ver a reflexão de Peter Schröder (2012), disponível em: http://www.etnolinguistica.org/doc:16. Acesso em: 6 dez. 2014.

[48] Vale frisar que o "direito maternal" e o rapto de mulheres de povos vizinhos não são verificados exclusivamente entre os povos falantes do Aruaque.

integrar à família da noiva. Assim sendo, o chefe da família não seria o esposo, mas a figura do sogro, e os filhos pertenceriam à família da esposa. Se porventura o esposo viesse a falecer, quem assumiria a família seria o pai da esposa. Destarte, o matrimônio, além de ser meio de confecção de alianças com povos externos, transformar-se-ia em um centro difusor de transmissão de cultura Aruaque, maneira de introdução mútua de elementos culturais estranhos.[49] O autor, no seu estudo, para ilustrar o fato, cita uma pequena celeuma envolvendo os "Parecis-Kabisí":

> [...] entre os Parecís-Kabisí havia um filho de cacique com onze anos aproximadamente, cujo pai tinha suas plantações e sua mo rada junto ao Juruena, a quem fora designada uma menina em Uasirimi, no Jauru, como futura esposa. Esse noivado era tomado tão a sério que o jovem noivo se engalfinhou em luta violenta com outro rapaz da mesma idade, por constar que esse teria se metido com a menina . O jovem filho do cacique exigiu indenização e assestou em seu adversário, que não podia dar satisfações, um profundo golpe de faca, no pé. Também aqui se reconhecia nitidamente que a finalidade propriamente dita desse noivado prematuro, era prender o filho do cacique com sua família na taba do Jauru" (Schmidt, 1917, p. 22).

No momento em que a mulher engravidava, Schmidt notava outra prática generalizada entre os Aruaques, que reforçava o direito maternal, a chamada "Couvade", também comum a povos Tupi, Caraíba e Jê. A mulher, estando gestante, deveria se mudar para a casa do pai juntamente com o esposo, consolidando assim o pertencimento à família materna Aruaque. Desse modo, o filho, ao nascer, estaria submisso não ao poder doméstico do pai, mas ao poderio dos parentes da esposa. Portanto, era o que o autor

---

[49] A presente observação sobre os costumes dos povos Parecis-Kabisi, de cunho etnográfico, foi elaborada no início do século XX. Todavia, ao longo da obra o autor, com o fim de pensar a "expansão da cultura aruaque" de maneira comparativa em diferentes regiões da bacia amazônica, se valeu não somente do que observara diretamente, mas também do que havia registrado da "memória coletiva" desses povos, via tradição oral. Dessa maneira, além de apresentar uma análise desse processo histórico disposta em longa duração, a interpreta a partir de um ponto de vista "dinamista", uma vez que está a considerar os diferentes contatos e empréstimos culturais com outros povos, que acabavam por resultar em mudanças em ambos os lados. De outro modo, assim como Joseph Miller (1995, p. 15-16), que, ao investigar os povos "Imbangalas" na África Centro-Ocidental, se valeu conjuntamente de dados etnográficos, memória oral e registros escritos (e apresentou uma visão não estática daqueles povos que estavam em contínua mutação), também entendemos que as diferentes fontes se complementam e nos permitem indagar diferentes aspectos e pontos de vista acerca do contato entre indígenas e aquilombados no vale do Guaporé.

denominava de "valiosos fatores", uma vez que representavam o aumento de braços para o trabalho.

O rapto de crianças e mulheres também seria um traço generalizado entre os povos falantes do Aruaque. Segundo o autor:

> [...] Assim ouvimos dos Bacairi "aruaquizados", no Paranatinga, que levavam a cabo ataques contra tribos vizinhas com a finalidade de raptar mulheres. Entre eles encontravam-se por ocasião de minha expedição ao Kulisehu as duas mulheres roubadas aos Pareci e Kajabís vizinhos, que já K. Von den Steinen ali tinha encontrado. Acerca dos Baré, uma tribo aruaque, cuja pátria provavelmente deve ser procurada originalmente no Cassiquiare, de onde se teriam difundido ao longo do Rio Negro, rio abaixo, muito ao oriente, diz Martius, que empreendiam expedições contra as tribos situadas ao longo das fronteiras do Brasil e além delas, para fazerem comércio de fornecimento de neófitos para as missões e trabalhadores para os colonos. Também Alexander v. Humbolt menciona as caçadas humanas empreendidas pelas tribos indígenas do alto Orinoco e Rio Negro, na sua maioria pertencentes ao grupo aruaque. Também os índios nas missões no alto Orinoco tomavam com grande prazer parte em "expedições para a conquista de almas", carregando crianças de oito a dez anos, distribuindo-as como escravos ou "poitos" aos índios nas missões [...] (Schmidt, 1917, p. 22).

Especialmente entre os "Parecis-Kabisí", tal hábito era comum, praticado principalmente contra os Guaiguacuré, que também poderiam surpreendê-los com sequestros e assaltos, o que gerava um sentimento constante de vingança. Já no seio das sociedades raptoras, observa Schmidt, crianças e mulheres recebiam bom tratamento, apesar das diferenciações. As crianças eram tomadas como escravas, cabendo a cada uma a servidão a um determinado senhor, cujo direito de posse se baseia diretamente no rapto. Quanto às mulheres, são desposadas ou entregues a outro casamento caso o raptor seja casado.[50] No caso específico dos "Kabisí", o autor afirma não ter notado diferenciação em termos de tratamento das mulheres raptadas e as mulheres nascidas entre os indígenas; o que era explicável pelas funções vitais que cabiam às mulheres, na forma como entendiam esse grupo indígena: administração econômica, encarregadas da economia doméstica e produção de alimentos vegetais. Ademais, em face da presença indígena considerável no

---

[50] Segundo Max Schmidt (1917, p. 25), os "Parecis-Kabisí" são tradicionalmente monogâmicos.

Quilombo do Quariterê, apontada em 1770 e 1795, é possível conjecturar que o mesmo, para além de ser um reduto antiescravista, estivesse vivenciando uma *possível* e sutil "aruaquização" no contato com os Cabixi.[51] Como vimos anteriormente, a prática de rapto de mulheres e crianças era comum na região. Assim, antigos cativos, ao se territorializarem no vale do Guaporé, poderiam ter assimilado o referido hábito.

Importante ressaltar que, no diário da diligência de 1795 que abateu o quilombo reformado por antigos remanescentes de 1770, após a captura dos 54 que estavam aquilombados – a grande maioria formada por indígenas e caburés –, subsequentemente ao batismo, foram reencaminhados ao antigo espaço onde viviam; recondução feita em várias canoas e em posse de mantimentos, grãos, sementes, animais para criação e ferramentas para fundação da "Aldeia Carlota", cujo objetivo seria o fornecimento de todo ouro que encontrassem exclusivamente aos portugueses. Também haviam prometido não contatarem os seus vizinhos, os povos Cabixi (Mello, 1917, p. 14).[52] Dessa forma, é presumível que as 30 mulheres indígenas que estavam contabilizadas entre quilombolas capturados em 1770, na primeira incursão contra o Quilombo do Quariterê, pudessem ser de origem Cabixi. Assim sendo, para entender sua possível ocupação no interior do quilombo e consequentemente a penetração de práticas aruaques, é importante notar a posição que poderiam ocupar na povoação de origem:

> [...] Cabe-lhe [a mulher] carregar durante a marcha as maiores cargas, é ela que sai à cata de frutos, que planta e colhe mandioca e que carrega o produto da colheita para a taba. Ela prepara os alimentos e as bebidas, colhe o algodão e o fia fabricando fios com os quais tece as redes ou fabrica os tecidos para peças de vestuário. Mas os trabalhos mais pesados, como

---

[51] Aqui enfatizamos a palavra "possível" para o processo que chamamos de "aruaquização". No presente ensaio, mediante as lacunas e diferentes evidências, apenas conjecturamos uma possibilidade histórica, que necessita de vindouras pesquisas para ganhar mais solidez. Ao enfatizarmos o "possível", nos alinhamos com a perspectiva historiográfica trabalhada pelo italiano Carlo Ginzburg, que, ao discorrer sobre "provas e possibilidades", no posfácio de *O retorno de Martin Guerre*, de Natalie Davis, afirma que a existência das mesmas no horizonte do historiador acaba por incorrer no aprofundamento das investigações, por mover o investigador a buscar o diálogo com outras fontes, sujeitos históricos e vozes. Segundo o autor, o historiador contemporâneo não reivindica apenas tratar dos "gestos públicos" (tal como a historiografia positivista do século XIX), mas também das "cenas da vida privada", unindo erudição, imaginação, provas e possibilidades. Em outro plano o autor propõe um importante debate em torno da inegável dimensão narrativa do relato histórico, em que indubitavelmente estará presente ante a inelutável existência das lacunas (Ginzburg, 2007, p. 311-355).

[52] O capítulo 3 do livro *Homens de Ferro, Mulheres de pedra* (2019) apresenta, além da análise da instituição escravista na Capitania e suas rotas de abastecimento de mão de obra escrava, uma reflexão minuciosa sobre a bandeira de 1795 e seu desfecho.

> o preparo da mata para o plantio, a construção das casas e o carregamento da lenha são trabalhos para os homens, sendo executados na sua maior parte pela população dependente (Schmidt, 1917, p. 25).

No Quilombo do Quariterê, as indígenas raptadas estariam responsáveis pelo fiar de algodão e preparo dos alimentos? Não sabemos a que ponto. Contudo, a documentação sobre a campanha que derrubou o quilombo em 1770 informa com grande surpresa a fartura das roças encontradas. Em 1770, nos *Anais de Vila Bela*, constava:

> Estavam esses negros notavelmente fortes de mantimentos, porque cada um tinha sua roça muito bem fabricada de milho, feijão, carás, batatas, amendoim e muito algodão, que fiavam e teciam para se vestir e cobrir, para o que tinha teares à moda de suas terras [...] (Amado; Anzai, 2006, p. 141, grifo nosso).

Em 1795, novamente a fartura da agricultura praticada pelos quilombolas vol taria a ser mencionada:

> [...] situado em hum belíssimo terreno muito superior, tanto na qua- lidade das terras, como nas altas e frondosas mattarias, as excelentes e, actualmente cultivadas margens dos rios Galéra, Sararé e Gua poré: abundante de caça, e o rio de muito peixe, cujo rio é da mesma grandeza do Rio Branco.
>
> A bandeira achou no Quilombo *grandes plantações de milho*, feijão, favas, *mandiocas*, manduin, batatas, caraz, e outras raízes, assim como muitas bananas, ananazes, aboboras, fumo, gallinhas e algodão de que faziam panos grossos e fortíssimos com os que se co briam (Mello, 1917, p. 14, grifo nosso).

Aqui, chamamos atenção para o cultivo do milho e mandioca e nos valemos novamente das observações de Max Schmidt sobre a agricultura entre os povos Aruaques, que o autor considera como o denominador comum entre todos os povos falantes do idioma.[53] Observam-se diferenciações entre a ênfase em uma planta ou outra, de modo que se, por um

---

[53] É preciso salientar que, assim como o rapto de mulheres e o "direito maternal", o cultivo do milho e mandioca não foi exclusivo dos povos falantes do Aruaque, verificável em diferentes pontos da América do Sul. Sérgio Buarque de Holanda (2004, p. 181-184), por exemplo, ao analisar a importância do milho na dieta da sociedade luso-brasileira, menciona a presença do cereal em diferentes partes do Brasil. Do milho, com base em tradições alimentares indígenas, se produziam vários alimentos: canjica fina ou grossa, fubá, pamonha, cuscuz, biscoitos, farinha, pés-de-moleque (alcomonias) e até mesmo bebidas, como a "catimpuera" ou cerveja.

lado, na região amazônica, existe uma predominância da mandioca, por outro lado, à medida que se avança em direção ao sudoeste, o cultivo de milho passa a crescer. No caso dos Parecis que habitam as cabeceiras dos rios Juruena e Guaporé, região onde vivem os povos Cabixi, predomina o cultivo do milho (Schmidt, 1917, p. 14).

A despeito das diferenciações, o preparo do solo de maneira geral segue o mesmo procedimento:

> O próprio preparo depende de uma certa estação do ano, por terem as árvores derrubadas que secar durante o período das secas, de modo a poder o fogo, ateado mais tarde, queimar os galhos e os ramos. As cinzas da queimada são o único adubo da futura plantação. Os troncos principais não são devorados pelo fogo, que lhes passa por cima, e são simplesmente deixados, deitados no lugar em que tombaram. Elas beneficiam de algum modo a plantação, pois os pés de milho que entre elas germinam ou as ramas de mandioca que entre elas brotam são protegidos durante o primeiro tempo de seu crescimento, contra os raios solares, extremamente violentos [...] (Schmidt, 1917, p. 14).

As mulheres indígenas Cabixi, raptadas por quilombolas, teriam sido o vetor de introdução das técnicas de cultivo do milho e mandioca junto às dependências do Quilombo do Quariterê? Em vista da anterior função que ocupavam na divisão do trabalho entre os Cabixi, aparentemente a resposta é positiva. O Quilombo, por uma questão de sobrevivência, teria então se aberto a um processo de "aruaquização", ao assimilar mulheres indígenas que traziam consigo práticas agrícolas.

Igualmente, é preciso problematizar o próprio perfil dos habitantes do qui lombo que havia se formado na região com remanescentes do Quilombo do Quariterê, abatido depois de 25 anos: "6 negros, 8 índios, 19 índias, 10 caborés e 11 caborés fêmeas" (Mello, 1917, p. 15), totalizando 54 capturados. Em primeiro lugar, a presença de indígenas do sexo masculino pode significar duas ordens de fatos: ou foram capturados ainda quando crianças e cresceram com quilombolas, ou se agregaram devido a alianças.[54] Em segundo lugar, no que diz respeito às mulheres indígenas, cabe-nos perguntar se foram adquiridas somente via rapto ou se algumas das encon-

---

[54] Alianças, quiçá, com perfil militar. Lembramos ao leitor das hostilidades entre os Cabixi e os Guaiguacuré (Nambiquara). Caso indígenas fossem Guaiguacuré, possivelmente buscavam algum tipo de proteção junto aos quilombolas.

tradas se somaram devido a acordos mútuos, possivelmente semelhantes aos que vimos antes. O grande número de Caburés sugere um intenso intercâmbio cultural, pelo fato de que mulheres indígenas aruaques traziam consigo práticas agrícolas e por que poderiam representar a introdução do quilombola em laços parentais maternais, no caso de o ajuntamento de negros ter se dado por possíveis alianças.

Em outras palavras, entre as duas bandeiras que atacaram os quilombolas que habitavam a região do vale do Guaporé, em 1770 e 1795, respectivamente, temos indícios para apontar que o Quilombo do Quariterê estaria passando por um sutil processo de "aruaquização", tanto pela possibilidade de acordos matrimoniais terem acontecido como pela simples presença de mulheres "parecis-kabisi", que podem ter influenciado o cultivo de determinadas culturas agrícolas.

Tereza de Benguela nas fontes escravistas: uma leitura a contrapelo

Atualmente Tereza de Benguela é um dos nomes mais estudados no âmbito da história afro-brasileira e resistência à escravidão. Mencionada em poemas, canções, sambas-enredos, nos principais registros do período colonial no Mato Grosso, tornou-se um verdadeiro símbolo, sobretudo à geração pós-Lei 10.639/2003. Isso se deve, entre várias outras razões, ao fato de ter estado à frente do Quilombo do Quariterê e, também, ter se entregado à morte face à reescravização.

De modo geral, duas são as fontes que trazem informações sobre a líder quilombola: o relato do provedor da Fazenda Filipe José Nogueira Coelho; e o texto que informa a campanha que abateu o quilombo do Quariterê em 1770, nos *Anais de Vila Bela* de Santíssima Trindade. Embora sejam registros importantes, são reduzidos, fragmentados e apresentam numerosos aspectos que necessitam problematização, sendo o principal deles a abordagem depreciativa. Esse tratamento deve ser compreendido a partir das circunstâncias políticas da Capitania de Mato Grosso, marcada pela recorrência de constantes fugas de escravizados, bem como pela tentativa de desestimular novas evasões.

A descrição de Filipe Coelho aparentemente foi redigida com base no exame dos arquivos da provedoria, intendência e crônicas de José Barbosa de Sá.[55] O provedor julgava que somente conseguiria apresentar melhor desempenho no cargo que lhe fora atribuído, em 1776, em Vila Bela da Santíssima Trindade (Siqueira, 2005, p. 23), se demonstrasse conhecimento das leis, regimentos ultramarinos e, principalmente, das memórias da capitania (Coelho, 1850, p. 137). Apesar de não dispormos de informações sobre o destino do manuscrito, tudo indica que foi elaborado na década de 1770, enquanto exerceu o cargo de provedor da Fazenda Real.

Outrossim, cabe lembrar que a provedoria compunha a estrutura da administração fazendária portuguesa que administrava diretamente as riquezas produzidas em terras conquistadas pela coroa portuguesa. Especificamente, um provedor naquele período fiscalizava receitas, interferia na dinamização do comércio e administrava as despesas. A provedoria atuava de forma ligada à alfândega e comandava um grupo de oficiais formado, entre outros, por escrivães, meirinhos, porteiros e tesoureiros. Em algumas situações, também acumulava o cargo de "juizado dos descaminhos e alfândega", já que realizava despachos, cobranças de direitos e julgava irregularidades.

Quanto aos *Anais de Vila Bela*, a trajetória para tomarmos conhecimento do que consta em suas páginas foi longa e apenas recentemente os pesquisadores passaram a ter acesso a elas. O documento, que era tido como extraviado ou perdido, foi encontrado e transcrito pelas professoras Janaína Amado e Leny Caselli Anzai, junto ao acervo da Newberry Library. De modo geral, é subdividido em dois momentos distintos: de 1734 a 1754 e entre 1754 e 1789. Enquanto o primeiro foi redigido por Francisco Caetano Borges, o segundo passou a ser elaborado anualmente até 1789 pelo "segundo vereador" da Câmara (Amado; Anzai, 2006).

Em todo caso, as duas fontes apresentam semelhanças e nuances no que tange ao tratamento de Tereza e descrição do Quariterê. A começar, ambas realçam a boa qualidade do terreno, fartura das roças, presença indígena e estrutura política centralizada em Tereza. A diferença mais notável reside nos detalhes. Os *Anais de Vila Bela* minuciam desde os preparativos da expedição que atacou o quilombo em 1770 até a morte de Tereza. No documento, o leitor toma conhecimento de que a expedição demandou meses de preparo, foi justificada pela proliferação de fugas da população escravizada, organizada

---

[55] De acordo com o provedor: " [...] Os annaes de José barbosa de Sá, que foi advogado na villa de Cuyabá, em que residiu quase desde a fundação d'ella, me forneceram de algumas notícias; mas na verdade muito mais me emanaram de um exacto e escrupuloso exame que fiz nos archivos da provedoria e intendência e ouvidoria, que fazendo authenticas estas Memorias pela pública e incontestável fé, deixam ver a quem se não fizer fastidiosa aquella lição tão ingrata o cuidadoso desvelo que elas me merecem" (Coelho, 1850, p. 138).

em segredo e saiu de Vila Bela de Santíssima Trindade sem que ninguém soubesse da sua existência. Ou seja, está subentendido que os aquilombados mantinham relações e laços com os que estavam nos espaços urbanos e, talvez, com assenzalados, visto que a expedição necessitou sair em silêncio para que os habitantes do Quariterê fossem pegos de surpresa.

A narrativa do provedor, por sua vez, apresenta um trecho ambíguo no qual compara de forma elogiosa Tereza a outras rainhas. Eis o trecho:

> [...] Quando foi presa esta Amazona parecia *Pestesilea furens, mediisque in milibus ardet*. E foi tal a paixão que tomou em se ver conduzir para esta Villa, que morreu enfurecida. Imitou no animo a grande Cleopatra, que antes quiz a morte do que entrar no triumpho em Roma. Presou mais a vida Zenobia, rainha dos Palmyros, que entrou n'aquella cidade em cadeas de ouro [...] (Coelho, 1850, p. 182).

As comparações tecidas pelo provedor acabam por destoar da descrição depreciativa comumente conferida a lideranças quilombolas na história brasileira. Na mitologia greco-romana, "Pestesilea" foi filha de Ares e Othera, guerreira e rainha das amazonas. Já Cleópatra, considerada uma das mulheres mais poderosas do mundo antigo, preferiu a morte ao triunfo do inimigo, ao se deixar ser picada por uma serpente após ser informada da derrota do marido, para que não fosse exibida nas ruas de Roma como prisioneira. Zenobia, por sua vez, foi rainha da cidade de Palmira e, no século III, depois da morte do esposo, assumiu o reinado; este compreendia vasta região, abrangendo parte do Egito, Síria e Ásia Menor.

Para além dessas nuances, valem algumas reflexões sobre a abordagem de Tereza, a forma de governo e presença indígena. Em ambas as fontes, a líder quilombola é descrita como rígida e autoritária. Em palavras de Filipe Coelho:

> [...] então governava a rainha viúva Thereza, bem assistida de índias e negras. Tinha como parlamento, em que presidia o capitão-mór José Cavallo, e era conselheiro da rainha um José Piolho. Mandava enforcar, quebrar as pernas, e sobretudo enterrar vivos os que pretendiam vir para seus senhores [...] (Coelho, 1850, p. 182).

Já nos *Anais de Vila Bela*, consta a seguinte descrição:

> [...] não só chegou a mandar enforcar, mas também quebrar pernas e braços e enterrar vivos aqueles que, *arrependidos da fuga*, queriam tornar para a casa de seus senhores, sem que

> para semelhantes e outros castigos fosse preciso legal prova. Bastavam leves indícios para serem punidos quaisquer réus de semelhantes delitos. Isso, além de outro, que mandava fazer muito ao seu paladar. Chamavam esta muito intitulada rainha Teresa. Era assistida e servida de todas as mais negras e índias, ainda melhor de que se fossem suas cativas, a quem diariamente castigava, rigorosamente, por qualquer coisa. Tanto era temida que nem machos, nem fêmeas era ousados a levantar os olhos diante dela (Amado; Anzai, 2006, p. 140, grifo nosso).

De modo evidente, parece não ter sustentação o argumento de que Tereza pudesse governar o Quariterê com "mãos de ferro", como sugere a documentação. É difícil imaginar que o homem ou a mulher que fugiu da escravidão se submetesse novamente a ela ou no interior de um quilombo. Se havia certa facilidade de fugas das vilas, arraiais ou cidades no Mato Grosso, essas se multiplicavam em um território de quilombo. Não sustentamos com isso a existência de uma suposta harmonia no interior do quilombo ou que os aquilombados não tivessem estratégias para evitar dissidências ou resoluções de conflitos. Apenas salientamos que a narrativa, ao que tudo indica, deve ter exagerado ou fantasiado a rigidez. Tudo leva a crer que tal exagero esteja amparado pela tentativa de desencorajamento de novas fugas. A própria organização da expedição de ataque se fundamentava nessa última questão.

Além disso, a ideia de que a população cativa pudesse estar arrependida da fuga figurou por anos nos discursos oficiais, como uma forma de camuflar a incapacidade de eliminar os quilombos por todo o Mato Grosso. Nos anos de 1794 e 1808, por exemplo, foram editados, respectivamente, pelos capitães-generais João de Albuquerque e Carlos Augusto D'Oyenhausen, bandos que seguiam a linha argumentativa do texto dos Anais:

> [...] Faço saber a todas as Pessoas desta Capitania, que sendo-me presente, e geralmente constante os graves danos e fadigas que experimentam todos os Escravos fugidos que vivem expostos às Calamidades, e continuados riscos que se experimentam nos matos, abandonados à barbaridade, como selvagens, sem auxílio nem mesmo para alma, nem para o corpo: *compadecendo-me da miserável vida que levam esses infelizes Homens,* vassalos de Sua Majestade e tendo por outra parte também em vista o irreparável prejuízo que tem seus senhores com suas fugas praticadas talvez muitas vezes inconscientemente, e sem reflexão das quais naturalmente estarão muitos deles

arrependidos, *temerosos de voltarem para as casas* ou poder dos mesmos senhores, temendo o *justo castigo* que merecem (RAPMT, 1987, p. 43, grifos nossos).

Em vista da fartura de documentos dos séculos XVIII e XIX que informavam fugas da Capitania de Mato Grosso para os mais diferentes lugares, tudo nos leva a concluir que apelos como os descritos não tenham surtido efeito na população negra evadida da escravidão. As fugas, além de não cessarem com os ataques ao Quariterê, persistiram até o final dos anos oitocentos.[56]

Acrescenta-se a esse quadro o posterior retorno dos aquilombados que conseguiram fugir do ataque de 1770 ao mesmo lugar onde estava edificado o Quariterê, o que demonstra a fragilidade da tese do possível arrependimento da fuga. Estamos a fazer referência a uma campanha organizada entre maio e novembro de 1795 no vale do rio Guaporé, que visou à captura de cativos fugidos e o desmanche de quilombos na região. Preparada por cerca de dois meses e financiada por autoridades políticas e contribuições voluntárias de moradores de Vila Bela e arraiais próximos, a bandeira conseguiu capturar, na mesma localidade do ataque de 1770, 54 quilombolas, entre negros (6), indígenas (27), caburés (21).[57] Francisco de Pedro e Mello acreditava que todos seriam remanescentes do quilombo "destruído" em 1770 e do sequestro de mulheres indígenas *Cabixis*.[58]

Chegamos, então, a um elemento de grande relevância junto às fontes que informam sobre Tereza: a presença indígena. Tanto na descrição de Filipe Coelho como nos Anais, consta que Tereza fosse "assistida" por índias. As fontes não especificam a proveniência dos indígenas capturados, mas, tendo em vista diferentes registros oficiais (incluindo a bandeira de 1795 citada) e etnográficos, presumimos que sejam provenientes dos

---

[56] Em 1875, por exemplo, foi noticiada, no jornal *O Liberal*, a fuga de dois cativos, Zeferino e Modesto, e recompensa. Ambos haviam fugido havia quatro anos. O anúncio dizia serem originários de Minas Gerais e contarem cerca de 35 anos. Foi oferecida uma recompensa de 200$000 por cada um (Doc. 5).

[57] Vale observar que "caburé" designa aquele cujos pais são negros e indígenas.

[58] A descrição da campanha encontra-se sob guarda do Instituto Histórico e Geográfico do Brasil (IHGB), junto ao Códice 246, demarcado pelos anos 1777 e 1805. Veio a conhecimento público mais amplo após ser mencionada e transcrita por Roquette-Pinto (1917) na obra *Rondônia*. Sobre o emprego do termo "cabixi", Maria Fátima Roberto Machado (2006) indica que a expressão poderia designar de forma pejorativa tanto Parecis como Nambiquaras. Não se sabe ao certo a quantos grupos o termo foi aplicado, mas, ao menos pelas pesquisas etnológicas realizadas por Max Schmidt no início do século XX, é possível circunscrever que a denominação cabixi foi atribuída aos *parecis-kabisi*, do grupo cozárini, e aos *guainguacuré Aruaquizados*, que eram provenientes dos Nambiquaras da região ocidental da Serra dos Parecis. Em ambos os casos, a designação estava associada a "elementos étnicos de nível inferior" ou subalternos.

grupos Nambiquaras e Parecis. Enquanto os primeiros estão relacionados a uma identidade atribuída no século XVIII e estavam espacializados na região do vale do rio Guaporé, os segundos ocupavam a Chapada dos Parecis e se autoidentificavam como pertencentes a um mesmo grupo.[59]

Aparenta ser irreal a possibilidade de que essas indígenas pudessem viver no Quariterê na condição de servas. A começar pelo fato de não ser possível compreender o quilombo como uma ilha isolada em permanente conflito com tudo o que está a sua volta. Não é possível conceber, em vista da quantidade das dezenas de negros fugidos e números incertos de indígenas entre o vale do Guaporé e Serra do Pareci, que fosse viável abrir um flanco de conflito com as sociedades indígenas concomitante à sociedade escravista. É mais razoável supor que o Quariterê só se tornou possível e persistiu por décadas porque recorreu e adentrou o complexo jogo de forças políticas que havia na região.[60]

Por fim, é nos *Anais* que encontramos o relato dos últimos momentos da rainha. De acordo com o documento, na noite de 22 de julho de 1770, foi realizado o primeiro ataque ao quilombo, que se desdobraria em vários outros ao longo de semanas. Tão logo percebeu o ataque, Tereza ordenou resistência:

> [...] A maldita rainha de quem temos tratado, na ocasião em que se abalroou o quilombo, mandou os seus que pegassem em armas e tudo matassem. *Alguns de seus súditos assim o fizeram acudindo à voz e pegando em armas*; mas não puderam usar delas pela força que viram contra si. Tomaram por melhor acordo *retirarem-se fugitivos ao mato*. Nessa retirada, foi também a rainha, conduzida por José Cavalo, escravo do sargento-mor Inácio Leme. Era esse negro capitão-mor do quilombo e, entre os mais, tido por mais valoroso.

---

[59] Segundo Maria de Fátima Roberto Machado (2006, p. 15-16), apesar dos poucos estudos sobre a língua Nambiquara, até a atualidade, é possível identificar diferentes grupos: Aikutesu, Kwalisatesu, Namkutesu, Erahinkãtesu, Alakutesu, Yotusu, Alantesu, Hahaintesu (Manairisu), Waikutesu, Katithaulu (Sararé), todos no Vale do Guaporé; Sawentê, Yalakaloré, Lacondê (Yalakuntê), Sabanê, Hinkatesu, Latundê, Siwaihsu (Manduca), Nagarotê, Mamaindê, todos na Serra do Norte; Wakalitesu, Kithaulu, Halotesu e Sawantesu, conhecidos como os Nambiquaras do cerrado. Quanto aos Parecis, são tradicionalmente subdivididos em cinco grupos: Kaxiniti, Waimaré, Kozárini, Warére e Kawali, com grande variedade de grafias ao longo dos anos. Atualmente, restaram apenas três: Kozárini, Waimaré e Kaxiniti (Arruzzo, 2012).

[60] Sigo aqui parte das reflexões desenvolvidas por Flávio do Santos Gomes (2005) quando discorre sobre os quilombos na região amazônica em *A hidra e os pântanos*, dando ênfase às diferentes relações estabelecidas por quilombolas e sujeitos externos ao quilombo.

> Na apressada fuga em que foram, no saltar de um riacho se estrepou aquela desaventurada rainha em um pé, isso a tempo que já os soldados iam sobre ela, por a terem visto. Com facilidade a prenderam e trouxeram ao aquartelamento, onde estava o sargento-mor [...] (Amado; Anzai, 2006, p. 140, grifos nossos).

Como podemos notar, os que tiveram tempo hábil pegaram em armas para se proteger da invasão e outros que viram a impossibilidade de resistir fugiram para as matas. Entre estes últimos, estava Tereza de Benguela, conduzida por José Cavalo, considerado "capitão-mor" do quilombo e escravo reivindicado pelo próprio comandante da bandeira. Aqui, mais uma vez, a tese do despotismo da rainha cai por terra, já que aqueles que não pegaram em armas fugiram novamente.

Tanto a narrativa de Filipe Coelho como os *Anais* descrevem os últimos momentos de Tereza. Enquanto a primeira aponta que, após aprisionada, a rainha tenha sido tomada por uma "paixão" tão intensa ao ponto de morrer enfurecida, a segunda afirma que ela expirou de "pasmo", logo depois de ter sido capturada e insultada por antigos companheiros de quilombo. Os *Anais* ainda afirmam que, morta, cortaram sua cabeça e a puseram no centro do quilombo em um alto poste, um exemplo visível para todos os outros que ousassem se levantar contra a coroa portuguesa (Amado; Anzai, 2006, p. 140).

Vale uma reflexão sobre a descrição da morte de Tereza por "pasmo". Tal palavra, na língua portuguesa, se traduz diretamente como aquilo que causa assombro, espanto. No caso da utilização da palavra para interpretação da morte de cativos, ao longo dos séculos XVIII e XIX, passou a ser relacionada com o verbo "banzar", que significava "pasmar com pena", de modo que o "banzeiro" era aquele que se encontrava em estado de inquietude, duvidosa tensão, um "mar banzeiro", em tormento (no latim, "*Dubium mare*").[61]

O fenômeno mereceu atenção de numerosos autores no decorrer dos séculos XVIII e XIX, como a de Luís Antonio Oliveira Mendes (1793). O autor, ao observar a constante mortandade de africanos na travessia do

---

[61] O verbo "banzo" em idiomas banto assumia significados diversos. No ovimbundu, por exemplo, designava "aldeia" ou "terra natal"; no quicongo significava "pensamento" (Oda, 2007). Vale ressaltar que o substantivo "banzo" com essa acepção provavelmente foi incorporado à língua portuguesa somente no século XIX. Assim aparecerá nos dicionários de Eduardo Faria (1859) e Frei Domingos Vieira (1871), além de também ser referenciado no primeiro dicionário da língua portuguesa, intitulado *Vocabulario portuguez & Latino*, áulico, *anatômico, architectonico bellico, botanico, etc.*, de autoria do Padre Rafael Blutenau. Sobre a historicidade da palavra, ver Bruno Pinheiro Rodrigues (2018).

Atlântico à América portuguesa, classificou essa inquietude de "paixão da alma"; doença provocada pela saudade dos entes queridos que ocasionava uma mortal *nostalgia*, considerada vesânia (doença mental) no período, localizada em um lugar do cérebro onde pensamentos e desejos se fixavam na ideia do possível regresso à terra natal.[62]

Em outras palavras, teria Tereza perecido no Banzo? Infelizmente, não é possível responder com exatidão, pois temos em mãos apenas os testemunhos dos agentes da ordem escravista. De qualquer maneira, é possível chegar a algumas conclusões. Primeiro, caso tenha perecido no banzo, foi mais um ato de resistência. Preferiu a morte à escravidão. Em segundo lugar, o trecho que aponta que a líder quilombola recebera insultos e, por isso, ficara "amuada" também aparenta ser irreal pelas razões expostas antes; especialmente pela impossibilidade de despotismo no interior de uma floresta e, depois, pela resistência dos habitantes do Quariterê ao ataque da bandeira.

***

A reflexão sobre o Quilombo do Quariterê necessita não somente uma releitura crítica dos documentos históricos relacionados ao contexto em que esteve inserido, mas principalmente da consideração de outros sujeitos, no interior ou exterior do quilombo, a fim de entender a sua viabilidade e durabilidade. Diante das numerosas lacunas, é preciso o estabelecimento de diálogo entre historiografias e, sobretudo, de fontes documentais produzidas em ambos os lados do Atlântico. Espaços como o Quilombo do Quariterê significavam, antes de mais nada, locais de resistência à escravidão e também de encontro de culturas e processos históricos. Outrossim, significavam o lugar em que homens e mulheres, mediante limitações e pressões externas, tentaram não perder a esperança de recomeçar, de olhar para a frente, mesmo após longos e penosos deslocamentos, perigos e impossibilidade de retorno.

---

[62] Oliveira Mendes descreve numerosas situações em que africanos se viam em "nostalgia", especialmente no capítulo VI. A fim de evitar a alta taxa de mortalidade dos homens de ferro, recomendava aos comerciantes a adoção de diversos procedimentos: " [...] Deviam ter como primeira regra, que os pretos perdendo a sua liberdade, ficam desde logo apaixonados, e entregues a um indizível ressentimento, que é justo, e inseparável, e extensivo ao mesmo bárbaro, que também tem alma, e que também sente. Deviam por isso mesmo desde logo começar a tratá-los com toda a brandura, e agrados, para fazer o cativeiro menos sensível, desimaginá-los, e desvanecer pouco a pouco o banzo, que os não desacompanha. Porém pelo contrário sucede, que desde logo contra eles se arma a mão visível da tirania, e do mal trato, tratando-os com a maior crueldade que se pode considerar, e explicar" (Mendes, 1812, p. 50).

CAPÍTULO 3

O PALENQUE DE VALLEGRANDE: UMA HISTÓRIA DE CONTINUIDADE DA LUTA PELA LIBERDADE DE NEGROS FUGIDOS DA ESCRAVIDÃO EM 1786

Era o ano de 1786 quando autoridades espanholas decidiram organizar uma expedição para captura de homens negros na região do Vallegrande, localizada hoje entre as cidades de Santa Cruz de la Sierra e Cochabamba, na Bolívia. As autoridades se fundamentavam, principalmente, na reclamação de alguns proprietários de que esses homens eram negros fugidos dos domínios de Portugal (leia-se, Capitania de Mato Grosso) e praticavam roubos e seduziam outros negros escravizados para a fuga. Alegavam que haviam construído uma espécie de "forte" e, caso não fossem tomadas providências, o ajuntamento tenderia a aumentar.

Diante das informações, nota-se uma estreita semelhança desse ajuntamento com o que identificamos na história luso-brasileira como quilombos e mocambos. Embora o fato não seja inédito na história latino-americana, acredito que ele nos permita refletir numerosos temas, como a vida pós-fuga de um negro, as diferenças e semelhanças entre as Américas portuguesa e espanhola no que tange à repressão escravista aos que rompiam com o sistema e o leque de ações e alianças possíveis para manutenção da liberdade.

Desse modo, o presente capítulo, inicialmente, tecerá uma reflexão sobre os "ajuntamentos" de cativos fugidos da escravidão nas Américas, realçando semelhanças e nuances; e, em um segundo momento, analisará o espaço citado à luz das relações da Bolívia e Mato Grosso com a escravidão negra e a agência desses sujeitos.

Entre quilombos, palenques, cimarrons e marrons: agrupamentos de negros fugidos da escravidão nas Américas

Não restam dúvidas de que a escravidão transatlântica seja um dos fatores mais relevantes e marcantes da chamada modernidade. Envolvendo milhões de sujeitos em diferentes partes do mundo por quase quatro séculos, foi capaz de desmontar, estruturar e reestruturar dezenas de milhares de sociedades. Principalmente, foi responsável pela diasporização nas Américas de cerca de 12 milhões e meio de africanos, forçados ao trabalho nos mais diferentes setores econômicos – extração de minérios, pecuária, agricultura, entre outros. De uma ponta a outra do continente, essa massa de homens e mulheres, parafraseando Antonil (1982, p. 89), foi tomada como mãos e pés de todo um sistema socioeconômico forjado.

Para além das nuances assumidas pela escravidão nas Américas, um dos fatos mais comuns foi a existência de fugas e subsequente formação de agrupamentos, que, a depender da localidade nas Américas, receberam designações variadas: *palenques, cumbes* ou *cimarrón* na América espanhola; *maroons* na América inglesa; *grand marronage* nos territórios franceses; e na, América portuguesa, além do "quilombo", também o termo "mocambo" — habitantes desses espaços poderiam ser chamados de quilombolas, calhambolas ou mocambeiros.

De acordo com Silvia Hunold Lara (1996, p. 97), apesar das definições desses agrupamentos serem assemelhadas, assentam-se sobre bases diferentes: ora consideravam a distância do lugar onde se estabeleceram, ora davam primazia à disposição para resistência à captura ou mesmo para a ênfase na capacidade de sobreviver por longa duração nas matas.

Em todo caso, tais comunidades, como afirma Richard Price (1996, p. 52), representavam a antítese de tudo o que a escravidão representava ou, ainda, a existência de uma consciência escrava que se recusava a ser limitada ou manipulada. Como argumenta Carlos Magno Guimarães (1996, p. 139-154), os "quilombos" eram a contradição básica da realidade escravista, pois representavam a retirada do cativo do processo produtivo, impossibilidade de reposição do capital investido em sua aquisição, gastos exigidos para montagem da repressão (bandeiras de captura), prejuízos materiais em decorrência das atividades desenvolvidas por quilombolas (assaltos, incêndios, sedução para novas fugas), entre outros.

Para o caso luso-brasileiro, salientam João José Reis e Flávio dos Santos Gomes:

> [...] Os quilombolas brasileiros ocuparam sertões e florestas, cercaram e penetraram em cidades, vilas, garimpos, engenhos e fazendas; foram atacados e usados por grupos escravistas, aos quais também atacaram e usaram em causa própria.; fugiram da escravidão e se comprometeram com a escravidão; combateram e se aliaram com outros negros,

índios e brancos pobres; criaram economias próprias e muitas vezes prósperas; formaram grupos pequenos, ágeis, móveis e temporários, ou grupos maiores, sedentários, com gerações que se sucediam, politicamente estruturados; envolveram-se com movimentos políticos de outros setores sociais, desenvolveram seus próprios movimentos, alguns abolicionistas; aproveitaram-se de conjunturas políticas conflitivas nacionais, regionais, até internacionais, para crescer, ampliar alianças, fazer avançar seus interesses imediatos e projetos de liberdade mais ambiciosos (Reis; Gomes, 1996, p. 23).

Nos territórios dominados pela Espanha, Inglaterra e outras potências europeias, o cenário não destoou do descrito. Nota-se nesses lugares que os palenques, cumbes, marrons, entre outras denominações, comumente se constituíam nas "franjas das *plantations*", minas e cidades; ou seja, nas áreas de bosques ou pântanos, tendo em vista a proteção ante caçadores de escravizados e acesso a recursos que os meios ofereciam, como possibilidade de pesca, caça, obtenção de lenha etc. (Florentino; Amantino, 2012, p. 246-7).

Tais espaços formavam-se comumente a partir de fugas realizadas em momentos de depressão, pré ou pós-revoltas. Em 1626, por exemplo, em meio a saques de piratas holandeses no Caribe espanhol, escravizados fugiram para a montanha, e alguns, inclusive, se juntaram a piratas em expedições posteriores (Thornton, 2004, p. 362).

A predominância africana entre a população cativa também esteve mais associada, nas Américas, às fugas e subsequente formação de ajuntamentos. Sugerem Florentino e Amantino (2012, p. 242) que a considerável presença de africanos fugidos nos inventários *post-mortem*, juntamente com os avisos nos jornais, indica que corresponderiam eles ao maior montante entre os fugitivos. Segundo os autores, pairava nas Américas certo "romantismo" em relação à propensão natural dos africanos recém-desembarcados nas Américas para a fuga, relativo à ideia de que todo indivíduo chegado da África fosse potencialmente um *cimarrón*.

Outrossim, é preciso atentar para os efeitos das políticas de alforrias na incidência de fugas em áreas nas quais as "libertações" eram culturalmente incorporadas nas relações de senhores e escravizados.[63] Do ponto de vista econômico, nota-se a concessão de maiores possibilidades de manumissão

---

[63] O esquema descrito no parágrafo não era aplicável a toda a América. Florentino e Amantino (2012, p. 244) trazem o caso da Virgínia, que, ainda no final do século XVII, proibira a manumissão privada, a menos que o senhor enviasse para fora da colônia o cativo libertado.

em períodos de recessão, a fim de que se revertesse parte dos preços pagos por cativos. Nesses momentos, o preço de um cativo barateava e acabava por ser possível a compra da própria alforria. Por outro lado, em períodos de estabilidade econômica, havia alta de preços, impossibilidade de compra da própria alforria e, consequentemente, mais fugas e formação de quilombos (Florentino; Amantino, 2012, p. 244).

No mundo hispânico, diante do conjunto de leis chamado *Siete Partidas*, há uma certa clareza sobre as libertações como elementos culturalmente incorporados. Recompiladas no século XIII por Afonso X, tais leis foram largamente utilizadas na fundamentação de concessões de manumissões. Comumente, como estratégias jurídicas observadas em processos de alforria nos tribunais, vinculava-se o cativo à figura do "servo" ou "peça", já que na *Siete Partidas* o servo detinha a possibilidade de requerer ao senhor a garantia da alimentação, vestimenta e assistência médica. Além disso, esse conjunto de leis possibilitava ainda quatro "consolações": eleição de um servo menos severo, a faculdade de casar-se seguindo a própria escolha, a possibilidade de comprar a liberdade e o direito de possuir alguma coisa (Secreto, 2011, p. 137-148).

Acrescenta-se a isso o fato de muitos cativos aproveitarem as situações de instabilidade política no mundo senhorial para realização de fugas, que poderiam resultar ou não em formação de quilombos. Durante as guerras de independência ocorridas nas Américas, por exemplo, um homem negro detinha diante de si três cenários principais: redução de controle decorrente do tumulto simultâneo ao aumento das possibilidades de fuga; possibilidade da obtenção da liberdade pelo serviço militar; e, finalmente, a aprovação gradual de programas de emancipação. Acerca desse último ponto, é perceptível como as demandas provadas por soldados negros nas guerras nas Américas espanholas pesaram para a aprovação de leis de ventre livre ou abolição definitiva. Na América hispânica, com exceção de Cuba e Porto Rico, todos os países aderiram à abolição gradual da escravidão por meio de leis de ventre livre entre as décadas de 1810 e 1840 (Andrews, 2007, p. 87-88).

Os estudos sobre os grupos subalternizados nas fronteiras entre o Brasil meridional e a chamada Banda Oriental (atual Uruguai) demonstram fatos que seguem a mesma lógica. Na região, diferentes fontes apontam que a população cativa diante dos conflitos fronteiriços percebeu oportunidades na guerra: alistamento para futura reivindicação de alforria; ruptura com a escravidão por meio de fugas para tropas; obtenção de prestígio junto a senhores; e tessitura de relações de compadrio (Carvalho, 2013, p. 112).

Tanto durante a Guerra Civil Farroupilha (1835-1845) do Rio Grande do Sul como na Grande Guerra (1839-1851) travada em solo uruguaio entre *blancos* e *colorados*, Daniela Carvalho (2013, p. 115) nota o aumento do fluxo de fugas de cativos do lado brasileiro para o outro lado da fronteira, o que sugere, segundo a autora, que a população escravizada pudesse estar atenta às condições mais favoráveis para os seus projetos de liberdade. Para a autora:

> Sumos que buscavam antes proteção que propriamente as tropas militares e policiais. No entanto, sentar praça foi o caminho que encontraram em suas rotas de fuga. Estes escravos buscaram proteção junto aos inimigos de seus senhores, onde pareciam apostar que tal conjuntura, se não lhes oferecia melhores condições de vida, ao menos lhes garantiria o não retorno a seus antigos senhores. Que, o fim e ao cabo, aponta para um relativo sucesso na empreitada da fuga (Carvalho, 2013, p. 121).

Não podemos perder de vista que no ato de fuga de um cativo, além do protagonismo do próprio sujeito, poderia haver outros sujeitos envolvidos. Mariana Flores (2013), por exemplo, identificou, entre 1850 e 1877, o registro de 21 casos de fuga de escravizados dos municípios de Alegrete, Uruguaiana, Santana do Livramento e Quaraí. Destes, em 14 processos, são mencionadas a ação de "sedutores", ou seja, pessoas que participaram da fuga convencendo o cativo a atravessar a fronteira e, em alguns casos, viabilizando condições de fuga. No auto de perguntas feitas a Cypriano e Paulo, que foram capturados em 24 de novembro de 1870, são mencionados o preto forro João Thomaz e o paraguaio José. Para Cypriano, foi prometida liberdade e a Paulo, que poderia ganhar muito dinheiro do outro lado da fronteira, além de cavalo e arma para travessia (Flores, 2013, p. 153). Por outro lado, é importante não perder de vista que a realização de fugas e subsequente formação de agrupamentos ocorreram independente das instabilidades políticas do mundo escravista. A história dos cimarrons nas proximidades de Cartagena, em *Nueva Granada*, é exemplar nesse sentido. Formados inicialmente no limiar do século XVII, sob liderança de Domingo Bioho, o Benkos, os agrupamentos se estabeleceram em montes próximos ao porto, onde constituíram comunidades autônomas e guarnecidas militar, econômica e politicamente. Apesar das expedições organizadas para captura dos fugitivos, os espaços se mantiveram a tal ponto que em

1605 o governador da região, don Jerônimo de Suazo y Cassola, se viu obrigado a firmar um tratado de paz com os cimarrons (Fals Borda, 2002; Navarrete, 2003). Contudo, ao contrário da interrupção das fugas, o que se observará ao longo do século será o aumento e consequente formação de cimarrons – registra-se que, entre 1600 e 1694, tenham existido nos entornos de Cartagena três comunidades de fugitivos (Friedemann, 1993, p. 70).

O caso dos cimarrons nas proximidades de Cartagena revela ainda outro aspecto da agência dos homens e mulheres escravizados nas Américas: a tessitura de projetos políticos autônomos, a despeito dos conflitos políticos escravistas. Em 30 de abril de 1693, por exemplo, a suposta descoberta de um plano de ataque que aliava cimarrons, negros escravizados e livres contra a cidade, levou a população ao pânico. Descoberto pelo monge do convento de San Augustín, Joseph Sánchez, inicialmente indicava a participação de quatro africanos escravizados e um negro livre, que atacariam Cartagena com o apoio dos cimarrons. A cidade se encontrava desprotegida no período devido às campanhas militares movidas contra os próprios cimarrons na região. Após a denúncia, seguiram-se prisões e interrogatórios que demonstravam, entre outras coisas, os contatos entre a população negra que habitava a cidade e os que haviam rompido com a escravidão e viviam em agrupamentos (López, 2006).

Em 1809, na cidade de Santa Cruz de la Sierra (Alto Peru), um inquérito iniciado junto ao *cabildo* da cidade nos informa uma aliança similar, para além dos conflitos do mundo senhorial. Na ocasião, as autoridades da cidade tomaram conhecimento, no mês de agosto, de que negros escravizados, livres, juntamente com indígenas chiriguanaes, planejavam atacar a cidade e assassinar a população branca. Assim como no episódio narrado anteriormente, as autoridades da cidade se anteciparam ao levante, efetuaram prisões e seguiu um longo inquérito para entender quem eram as lideranças e quais poderiam ter sido as motivações. Entre as informações obtidas, apurou-se: que as lideranças eram africanas que haviam fugido do Mato Grosso (capitania da América portuguesa) e que viviam como livres na cidade e imediações, constantemente sob a ameaça da deportação; que negros livres poderiam ter sido motivados por uma suposta alforria concedida pelo rei, omitida pela classe senhorial e autoridades locais; e que indígenas, que eram tributados desde o século XVIII, caso o plano fosse bem-sucedido, teriam a oportunidade de isenção. Em outras palavras, interesses diferenciados e um inimigo em comum: a classe senhorial e autoridades castelhanas. Posteriormente, as lideranças foram enviadas a La Plata, punidas com trabalhos forçados em uma panederia, e depois absolvidos, sob a condição de pagamento de fianças (Rodrigues, 2016a, p. 219).[64]

Em todo caso, no que tange às relações de habitantes de agrupamentos externos à sociedade escravista com a população escravizada, na historiografia brasileira existe uma fartura de trabalhos que podem ser recordados, como a obra de Flávio dos Santos Gomes. Em linhas gerais, o autor parte do pressuposto da inviabilidade de se entender os quilombos como espaços isolados, defendendo que fossem articulados e interagissem de diversas maneiras com grupos externos, inclusive com negros que permaneciam na escravidão. Segundo Gomes (1997, p. 16):

> [...] Uma característica fundamental dos quilombos foi, para maior parte deles, a paulatina gestação de uma economia de base camponesa. Os quilombos procuravam se fixar não muito distante de locais onde pudessem efetuar trocas mercantis. Mesmo quando procuravam refúgios em longínquas florestas não permaneceram isolados. Desenvolveriam mesmo atividades econômicas que se integraram à economia local. Através de relações socioeconômicas clandestinas contavam com a proteção de taberneiros, pequenos lavradores e principalmente dos escravos de determinadas regiões. Em muitas áreas e contextos houve uma paulatina integração socioeconômica, envolvendo as práticas camponesas dos quilombolas com a economia própria dos escravos nas parcelas de terras a eles destinados por seus senhores.

O exame dos agrupamentos de negros fugidos da escravidão no oriente cubano, entre os séculos XVIII e XIX, igualmente nos mostra esse aspecto notado por Gomes para a realidade luso-brasileira. Na região, em palavras de Belmonte Postigo (2007, p. 10), as fugas constituíam um verdadeiro problema endêmico e ocorriam tanto nos espaços urbanos como rurais. Nas áreas rurais, especialmente, a presença dos negros fugidos causava diversas preocupações, devido aos assaltos e roubos às fazendas. Nota o autor que a proliferação dos cimarrons na ilha acabou por resultar no aumento dos mecanismos de vigilância da população cativa e repressão às atividades dos cimarrons, como divulgação de prêmios por captura de fugitivos; particu-

---

[64] Vale lembrar que Santa Cruz de la Sierra era a unidade governamental espanhola mais próxima da América portuguesa. Ao longo dos séculos XVIII e XIX, houve considerável fluxo de fugas de cativos negros do lado português ao espanhol. Sobre isso, ver Rodrigues (2016b).

larmente após a independência do Haiti e avanço da fronteira agrícola na parte oriental da ilha de Cuba.

De qualquer modo, em 1815, após um ataque sofrido nas fazendas de Sierra de Limones e Contramaestre, as autoridades cubanas decidiram destruir o palenque "El Frijol", considerado um dos maiores na região. Tal campanha legou um relato que detalhou diversos aspectos dos agrupamentos de negros fugidos na ilha de Cuba, como atividades econômicas, políticas, táticas guerreiras, estratégias de novas fugas em situações de ataques, maneiras para despistar de capitães do mato, entre outras. Chamamos atenção para o trecho em que descreve as relações entre os negros fugidos e os que eram mantidos na escravidão:

> [...] o primeiro caminho que encontram para negociação da cera são os negros dos rebanhos, e engenhos próximos, ou remotos dos nomeados palenques com os que ordinariamente estão confabulados sem a menor transcendência dos senhores do fundo, e se guarda tão religiosamente este segredo por cinquenta, ou cem negros de uma de muitas fazendas como faz o mais importante do estado guardando um ministro fiel a seu soberano, de modo que *nenhum castigo é o bastante para dobrar a esses negros a confessar as relações que têm com esses fugitivos* (Belmonte Postigo, 2007, p. 18, tradução nossa, grifo nosso).[65]

É necessário realçar a firmeza e lealdade tecida entre os sujeitos aquilombados e assenzalados, que não entregavam as minúcias das suas relações nem sob ameaças e torturas. Seguindo o relato, detalha quais eram os produtos escambados:

> [...] Esses ordinariamente introduzem a cera no centro de um canavial, e dali vão exportando os domésticos de um engenho nos dias feriados a cidade onde vendem ao catalão trapaceiro que com bajulação talvez não desconhecendo a origem daquela mercadoria sem fazer desembolsos os provem em troca de machados, facões, pólvora, pedras de faísca, colegas, listados, sal e outros artigos que esses negros cafetões pela mesma ordem vão insensivelmente transportando ao lugar

---

[65] "[...] El primer camino que encuentran para la negociación de la cera es la de los negros esclavos de los hatos, e ingenios cercanos, o remotos de los nombrados palenques con los que ordinariamente están confabulados sin la menor trascendencia de los señores del fundo, y se guarda tan religiosamente este secreto por cincuenta, o cien negros de una de muchas haciendas como podrá en lo mas importante del estado guardando un ministro fiel a su soberano, de modo que ningún castigo es bastante para doblegar a estos negros a confesar las relaciones que tienen con estos fugitivos [...]" (Belmonte Postigo, 2007, p. 18).

do depósito de onde descem os cimarrones para leva-los as suas tocas (Belmonte Postigo, 2007, p. 18, tradução nossa).⁶⁶

Não podemos perder de vista também a atenção dos negros fugidos da escravidão para com os que eram mantidos no cativeiro, tanto por uma questão de viabilidade da sobrevivência (como vimos antes), como pela percepção do sofrimento, empatia ou manutenção de alianças provisórias. Em 1857, em meio às negociações de paz entre as autoridades do Suriname e quilombolas, um líder negro repeliu o emissário do governo e indagou sobre como se portavam como civilizados, ao mesmo tempo que agiam com crueldade com a população escravizada. O conselho, reportado pelo capitão Stedman, se deu nos seguintes termos:

> Desejamos que diga ao governador e sua corte que, caso não queiram novos levantes de bandos de rebeldes, devem cuidar para que os fazendeiros vigiem mais de perto suas propriedades, não as entregando com tanta frequência nas mãos de administradores e feitores bêbados que... são a ruína da colônia e fazem fugir para o mato um grande número de gente ativa e destemida [...] (Genovese, 1983, p. 67).

Decerto, diversos outros aspectos poderiam ser enquadrados em um texto que se propõe a pensar de forma panorâmica os agrupamentos formados por negros fugidos da escravidão nas Américas. Do atual sul dos Estados Unidos ao extremo sul das Américas, existem numerosos casos relacionados à temática. É possível estabelecer um padrão comum a todos esses agrupamentos? Com exceção do processo de formação marcado pela ruptura com a ordem escravista por meio da fuga desejada ser definitiva, penso que não. A configuração de cada quilombo, bem como a sua longevidade, depende de vários fatores: perfil do africano fugido, viabilidade agrícola e defensiva da área na qual foi formado o agrupamento, perfil da população indígena existente na região (se for o caso) e nível de estabelecimento colonial na região, que, por sua vez, está estreitamente associado com a capacidade bélica para reprimir quilombos e palenques. Isso posto, na sequência, analisaremos o agrupamento do Alto Peru de 1786.

---

⁶⁶ "[...] Estos ordinariamente introducen la cera en el centro de um cañaveral, y de allí la van exportando los domésticos de un ingenio en los días feriados a la ciudad donde la venden al catalán39 marrullero que con halagos acaso no desconociendo el origen de aquella mercadería sin hacer desembolsos los proveen em cambio de hachas, machetes, pólvora, piedras de chispa, coletas, listados, sal y otros artículos que estos negros alcahuetes por el mismo orden van insensiblemente transportando al lugar del depósito donde bajan los cimarrones a llevarlos a su guaridas [...]" (Belmonte Postigo, 2007, p. 18).

O palenque de Vallegrande

O palenque de Vallegrande talvez seja o único ou o mais relevante registrado no período colonial no Alto Peru. Não obstante as poucas reflexões realizadas sobre o caso, avalio que ele nos dê oportunidade para análise do lugar do homem negro na América espanhola, os possíveis desdobramentos dos que fugiam da escravidão no lado português e, principalmente, as estratégias lançadas por esses sujeitos para a vida às margens das sociedades escravistas. Na mesma época em que foi descoberto, na passagem do século XVIII para o XIX, deveriam existir por toda a América espanhola cerca de 550 mil negros em condição de escravidão e um número igual ou superior de livres (Bowser, 1990, p. 144). Essa massa de homens e mulheres estava distribuída por todo o tecido social, de uma ponta a outra das Américas, com maior ou menor presença, a depender da atividade econômica desenvolvida na região. Em linhas gerais, enquanto apresentava baixa densidade demográfica negra nas atividades econômicas que envolviam a exploração da prata, detinha maior expressão na extração do ouro de aluvião e agricultura.[67]

No caso específico do Alto Peru, a população negra possivelmente nunca chegou a ultrapassar a média de 15% do total de habitantes registrados. Disseminada por todo o tecido social, encontrava-se nos espaços urbanos, fazendas produtoras de frutas, coca, olivares e vinhedos. Um levantamento elaborado por Esther Soria (2010, p. 237) com base em diversas fontes provenientes do final do século XVIII nos ajuda a entender a dimensão desse grupo no Alto Peru. Nele, consta que a população negra e mulata no período perfazia 11,5% em La Plata, 4% em Potosí, 9,2% em Cochabamba e 38,5% na região do Vallegrande. Importante observar que a última localidade estava inserida na intendência de Santa Cruz de la Sierra, região vizinha da Capitania de Mato Grosso e, portanto, principal destino de fuga entre as coroas portuguesa e espanhola.

Apesar de existirem outros destinos para a América portuguesa, Santa Cruz de la Sierra foi o destino mais frequente dos cativos que fugiram do Mato Grosso ao longo dos séculos XVIII e XIX. Tanto nos arquivos colo-

---

[67] A baixa densidade demográfica da população negra na exploração da prata no México e elevada presença negra na extração do ouro de aluvião em Nova Granada (especialmente em Antióquia, Popayá e El Chóco), cana-de-açúcar, trigo, vinho e horticultura no Peru, exemplificam essa máxima. Para se ter uma ideia, no final do século XVIII, enquanto o México contava apenas com 10 mil cativos, o Peru chegava a cerca de 83 mil (Bowser, 1990, p. 145).

niais de Portugal como nos da Espanha, constam numerosos documentos que atestam esse fluxo.⁶⁸

A despeito do fluxo de negros entre as fronteiras ibéricas, na virada do século XVIII para o XIX, havia no Alto Peru cerca de 21.010 indivíduos na condição de escravidão, o que perfazia 12% do total de habitantes. A maior parte trazida à região por três rotas, sendo a primeira o circuito comercial que articulava zonas portuárias nas Antilhas, Santo Domingo e Panamá. Nesse trajeto, o deslocamento de um cativo até chegar ao Alto Peru poderia se estender em até nove meses, em decorrência da necessidade de se atravessar o Canal do Panamá. De acordo com Rodas:

> Pelo que toca aos escravos destinados ao Peru, estes chegaram ou eram entregues em Nome de Deus, porto situado nas margens do golfo do México. Dali deviam atravessar o istmo para chegar ao Panamá, sobre o oceano Pacífico. Do Panamá uma nova travessia até o porto de Callao, que era o grande ponto de distribuição ao Peru (Rodas, 1977, p. 24, tradução nossa).

Com o início da colonização de Tucumán (atual Argentina) e fundação de Buenos Aires, abriu-se uma segunda possibilidade de entrada de cativos no Alto Peru, via bacia do rio da Prata. Ao longo dos séculos, a rota tornou-se atraente porque reduzia em milhares de quilômetros o deslocamento, tempo e preço da mão de obra escravizada.⁶⁹ Mesmo com os protestos do grupo comercial escravista de Lima, que nos idos do final do século XVI se encontrava em posição sólida, Buenos Aires passou a hegemonizar, progressivamente, a distribuição de cativos ao sul da América.

A terceira forma de entrada de cativos no Alto Peru se deu por meio do circuito do contrabando, que basicamente era formado pelo triângulo entre autoridades espanholas, comerciantes portugueses e contrabandistas. No Alto Peru, operava em duas frentes: na bacia do rio da Prata, a partir

---

⁶⁸ Além de Santa Cruz de la Sierra, a população cativa que se evadia do Mato Grosso poderia trilhar outros caminhos em direção à América espanhola: as missões dos Mojos e Chiquitos, Assunção, Buenos Aires, Cordoba, Tucumán e, em algumas situações, o Peru. De maneira geral, pelo Vale do Guaporé, cativos se evadiam para Mojos e Santa Cruz de La Sierra; e, pelo Vale do Paraguai, para as demais localidades. Sobre fugas de cativos do Mato Grosso para América espanhola, ver Bruno Rodrigues (2016), Ernesto Cerveira de Sena (2013) e Monique Lordelo (2019).

⁶⁹ De acordo com Rodas, "[...] La disminución hasta la llegada al Callao representa miles de kilómetros. Al acortarse la travesía, se reducía no sólo el tiempo empleado en el viaje, sino también -como consecuencia natural de ese hecho- el porcentaje de bajas entre los esclavos, ya que está probado por varios lados, además de la lógica, que la duración de la travesía estaba directamente relacionada con el volumen de la carga que llegaba en buenas condiciones a los puertos de destino" (Rodas, 1977, p. 24).

da Colônia do Sacramento, Montevidéu e Buenos Aires; e pela região dos Mojos, fronteira com o Mato Grosso. Embora não seja possível saber numericamente quantos homens e mulheres foram introduzidos de forma clandestina no Alto Peru, é possível supor que o fator que motivara tal circuito fosse a possibilidade de obtenção de maiores lucros com o comércio escravista, haja vista o não pagamento de impostos.[70]

Ademais, para entender a agência dos negros livres na região do Vallegrande, é pertinente também compreender o que era a região em si. Segundo Viedma (1836), era formada por uma cadeia de montanhas, cortada por vales nos quais corriam muitos rios. Além dos diversos animais característicos da região — antas, veados, leopardos, javalis, entre outros —, as terras costumavam ser utilizadas para criação de gado e cultivo, principalmente, de cevada, trigo, amendoim e cana-de-açúcar destinados ao abastecimento de Potosí, La Paz e Puno. De acordo com o governador, entre os habitantes da região, havia relatos de que os povoados teriam sido fundados inicialmente por negros fugidos das fazendas das cidades vizinhas, como Mizque.[71] Em todo caso, havia no Vallegrande três povoados: ciudad de Jesús del Valle-Grande, o "Chilon" e o "Samaypata" (Viedma, 1836, p. 45-48).[72]

Foi diante desse cenário que as autoridades castelhanas decidiram intervir junto ao palenque formado por negros no Vallegrande. Na carta que pedia providências em 1786, estava afirmado que os negros que se encontravam na região, para além de atacarem as fazendas e chácaras vizinhas, haviam construído um forte e, frequentemente, faziam incursões a fim de seduzirem negros escravizados para fugirem:

> [...] eles não somente fogem, como seduzem a outros escravos e escravas e roubam os atalhos mais floridos dos seus amos, reconduzem para aqueles lugares, de onde encontram acolhida e amparo o que é visto (Doc.1, fl.11, tradução nossa).[73]

---

[70] Segundo Rodas (1977, p. 26), entre os séculos XVI e XVII, o valor de um cativo poderia chegar em Buenos Aires a 300 pesos e em Charcas a 500 pesos. Por meio do contrabando barateava a 170 pesos.

[71] Recentemente, Natan Weaver Oslon (2010) defendeu uma dissertação que reflete a fundação dos povoados da região à luz de diversas fontes, incluindo Viedma. Seguem nas referências os dados do trabalho.

[72] Vale ressaltar que Francisco de Viedma foi o primeiro governante-intendente da Intendência de Santa Cruz, desde 1785. Para criação da Intendência, percorreu todo o território e elaborou um informe completo com ênfase em observações geográficas e econômicas, que destacavam a produtividade das regiões (Hasbún, 2003, p. 19).

[73] "[...] ellos no solo lhe huyen, sino que seducienlo a otros esclavos y esclavas y roband lãs atajas mais floridas de suas amos, reconducen para aquelles lugares, em donde hallan La acolhida y amparo que esta visto" (Doc. 1., f.11).

No documento, ainda se alertava que, caso não fossem tomadas providências imediatas, o palenque tenderia a aumentar. Era preciso não somente desfazer a reunião e capturá-los, mas punir todos os "vizinhos protetores" que amparavam e prestavam solidariedades aos negros fugidos. Outro dado de grande relevância acompanhava o pedido de intervenção no Vallegrande: a liderança do agrupamento cabia a "negros portugueses":

> [...] em ordem até exterminação dos baixios negros portugueses que são os que têm vindo a esta cidade os conduzir e os levam para aqueles onde já existem formada sua população. Segundo notícias positivas que sejam tomadas se baixas pessoas, de sorte que para fomentar e manter saqueiam e roubam as semeaduras e as fazendas (sic.) prejudicando deste modo a tanto a República que lamentam esse estrago (Doc.1, f.11v, tradução nossa).[74]

A bandeira, então, foi autorizada por autoridades de La Plata e um efetivo de soldados foi enviado à região do Vallegrande. Entre os capturados, vários apareceram identificados como "emigrados de Portugal", como os irmãos Lorenzo Chavez e Ignacio. Conforme o interrogatório transcorreu, foi apurado que ambos eram africanos, oriundos da costa da Mina, e haviam fugido das minas do Cuiabá. Adentraram os domínios da Espanha pelos Chiquitos e, posteriormente, passaram ao Vallegrande.

Vale frisar que, embora a palavra "chiquitos" (pequeno) fosse referência a grupos indígenas que estavam espacializados entre o Chaco Boreal e nas selvas pantanosas, a partir do século XVII, passou a designar igualmente o conjunto de povoados na parte oriental do Alto Peru, formados a partir de antigas missões jesuíticas edificadas no período. De um total de dez missões fundadas com apoio da coroa, as que mais mantiveram contatos com a Capitania de Mato Grosso foram as missões de San Ignacio, Santa Ana, San Rafael e San Miguel. Nelas, plantava-se milho, algodão e havia consumo de produtos trazidos de Santa Cruz de la Sierra. Segundo Anzai, o acesso de sertanistas do território luso-brasileiro ao longo da história era relativamente fácil, de modo que a própria Cuiabá, em momentos de crise de abastecimento, tentou abrir um caminho aos Chiquitos para abastecer-se com gado vacum, cavalar e tecidos. Com a expulsão dos jesuítas dos

---

[74] Texto original: "[...] em orden ala exterminacion de baxios *negros portugueses* que son los que aun biniendo a esta ciuidad los condusen y los llevan quellos donde existen ya formado su poblacion. Segun noticias pocitibas que Sean tomado se baxias perzonas, desuerse que para fomentarse y mantenerse saquean y roban las sementeras y panados e las haciendas cabenzias, prejudicando de este modo a tanto a Republica que lamentan este estrago [...]" (Doc., f.11v, grifo nosso).

domínios espanhóis em 1767, acredita-se que os contatos e trânsito entre o Mato Grosso e o oriente boliviano tenham se intensificado em forma de contrabando (Amado; Anzai, 2006).[75]

Em vista das fugas noticiadas junto aos arquivos luso-brasileiros, tudo leva a crer que uma parte considerável das fugas perpetradas por cativos de Cuiabá se dava através dos rios, conforme podemos observar no mapa que segue.

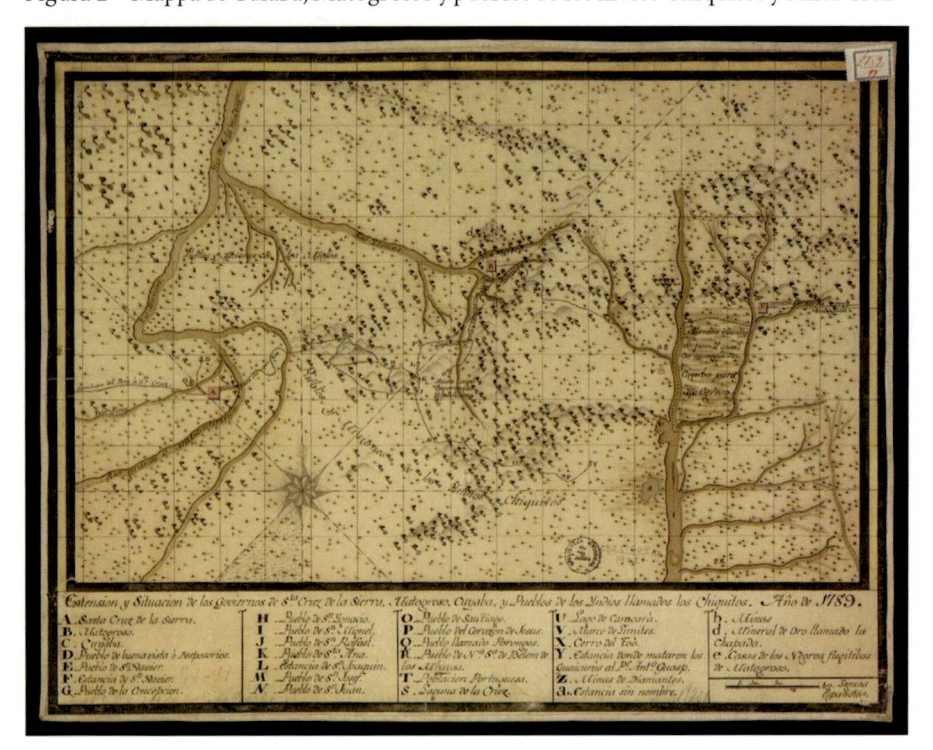

Figura 2 – Mappa de Cuiaba, Matogrosso y pueblos de los indios Chiquitos y Santa Cruz

Fonte: autor desconhecido[76]

---

[75] Um episódio relatado nos *Anais de Vila Bela* de Santíssima Trindade corrobora essa afirmação. O documento aponta que em 1776 a atuação de contrabandistas se dava com a travessia da fronteira com mulas para trocarem por cativos. Como a mão de obra cativa era considerada de primeira necessidade no Mato Grosso, afirma-se que as punições tornaram-se mais rígidas a quem fosse flagrado comerciando com espanhóis (Anzai; Amado, 2006, p. 204).

[76] Disponível em: http://bndigital.bn.br/acervo-digital. Acesso em: 15 jan. 2015.

O mapa, elaborado no último quartel do século XVIII, indica com a letra "C," à direita, a vila de Cuiabá. Seguindo a direção Sul por via fluvial, chega-se na fronteira com a América espanhola e, depois, por terra, na direção Oeste, gradualmente aos diferentes núcleos fundados em terras chiquitanas. Muito provavelmente esse tenha sido também o caminho tomado por um grupo de escravizados que, no ano de 1772, após matarem o Tenente de Auxiliares Manoel José Pinto no seu engenho, pegaram uma canoa, suprimentos, e seguiram rumo aos domínios espanhóis pelo rio Cuiabá. O capitão-general de Mato Grosso, na sequência, formou uma pequena expedição com o fim de capturar os fugitivos, mas, segundo consta nos Anais de Cuiabá, não obteve sucesso porque o grupo tinha a seu favor uma noite e um dia de marcha (Suzuki, 2007, p. 101).

Voltando o foco ao palenque do Vallegrande, não deixa de chamar atenção a "proteção" oferecida pelos "vizinhos", que certamente poderiam ser proprietários de fazendas ou empreendimentos da região. Ignacio, um dos capturados, no interrogatório, declarou exercer o ofício de peão. Outros poderiam estar integrados a atividades agrícolas. Levando em consideração as observações de Viedma acerca do cultivo da cana-de-açúcar em Santa Cruz de la Sierra e arredores, não estaríamos diante de um fato isolado. Segundo o governador intendente, o sucesso do cultivo da cana na região se devia, principalmente, a negros fugidos dos domínios de Portugal, que, devido a técnicas aplicadas, possibilitavam que o solo sempre estivesse fértil para o sucesso da cultura canavieira (Viedma, 1836, p. 66).

Ou seja, os negros que viviam na região do Vallegrande, ao passo que causavam temores e incômodos a uns, eram acolhidos e tolerados por outros; o que denota uma complexa tessitura de alianças para manutenção da condição livre na região. Caso a denúncia seja condizente com a realidade, fica evidente o cálculo equivocado em torno da capacidade dos grupos senhoriais de reagir à expansão da presença negra livre. Especulamos isso porque a acusação de que estivessem assediando e seduzindo outros negros escravizados poderia não ser real, mas sim objeto de temor de que a circulação de negros livres pudesse estimular os que eram mantidos no cativeiro a questionar os grilhões.

O inquérito em torno do palenque do Vallegrande foi finalizado com o envio de correspondências às autoridades da Capitania de Mato Grosso, solicitando que identificassem os fugitivos, objetivando devolvê-los à América portuguesa. Outras medidas também foram tomadas, conforme a carta escrita em 19 de agosto de 1786:

> [...] respeito de acreditam este expediente que nos lugares de Santa Cruz, Vallegrande e outros da freguesia relacionada a Cochabamba, se refugia negros fugidos do reino de Portugal e desta cidade com grande prejuízo a seus donos, de (sic) ofício aos governantes intendentes da Província para que tome as providências mais sérias e propícias para que em seu distrito *não se permita vagar livremente nenhum negro e os que assim se encontrarem sejam segurados e remetidos a seus donos castigando aos desertores com as penas* que le (sic) restituição e zelo, e sejam conformes (Doc.1, f.11v, tradução nossa, grifo nosso).[77]

Por certo, a proibição em torno da circulação de negros na região não obteve êxito nos anos seguintes. Além disso, cabe salientar que o contato entre as autoridades ibéricas em torno da questão escravista ao longo dos séculos XVIII e XIX foi objeto de numerosas idas e vindas. As correspondências enviadas pelo governador do Mato Grosso no final dos anos 1760, Luiz Pinto, ilustram isso. O governador alertava às autoridades de Santa Cruz de la Sierra sobre a entrada de escravizados fugidos do Mato Grosso nos domínios espanhóis via missões jesuítas. Rogava, em nome de acordos firmados entre as coroas portuguesa e espanhola, que negassem asilo e devolvessem os que conseguissem identificar (Doc. 2).[78]

Apesar dos apelos das autoridades do Mato Grosso, as fugas seguiram século adentro. Ainda no ano de 1771, os *Anais de Vila Bela* informam um fato incomum: três cativos fogem do Mato Grosso rumo às missões dos Moxos. Para capturá-los, os soldados precisam atravessar a fronteira e, surpreendentemente, as autoridades do Mato Grosso ordenam o retorno dos cativos aos Moxos, para que fossem devolvidos formalmente pelas autoridades espanholas e, assim, a "amizade e benevolência" fossem preservadas entre as coroas (Amado; Anzai, 2006, p. 185).

---

[77] "[...] Respecto de acreditan este expediente que em los lugares de Santa Cruz, Vallegrande y otros de La freguesia relacionada de Cochabamba, se refugian los negros prófugos del Reino de Portugal y de esta ciudad com grande prejuicio de sus duenos, de (sic) oficio a los gobiernntes intendentes de La Provincia para que tome las providencias mas serias y condusentes a que em su distrito *no se permita vagar libremente ningun negro y los que assi de encontraren sean asegurados y remetidos sus duenos castigando a los desertores com las penas q Le* (sic) restituto y zelo, y sean conformes" (Doc., f.11v, grifo nosso).

[78] Vale frisar que, no período, a área designada pelo nome de Moxos, nordeste da atual Bolívia, estava inserida na Intendência de Santa Cruz, que contava também com os Chiquitos, Cordillera, Vallegrande e a própria Santa Cruz de la Sierra (Hasbún, 2014, p. 1).

Os próprios *Anais de Vila Bela* noticiam que, no ano de 1772, houve uma grande devolução de negros que haviam fugido para os domínios espanhóis:

> [...] Por virtude desse decreto e de outras admiradas providências, que a respeito foi servido dar o sobredito Senhor Luís Pinto, no dia 29 de dezembro teve o povo grande contentamento de ver entrar, pelas ruas desta Vila, um cordão de 56 escravos, de um e outro sexo, debaixo de guarda e acorrentados, que imediatamente se distribuíram por seus donos, pagando cada um pro rata a despesa que lhe tocou, que ao todo montou de mais de mil oitavas (Amado; Anzai, 2006, p. 185).

Já sob o governo de Luiz Albuquerque, nos anos 1770 e 1780, igualmente observamos a articulação entre as autoridades ibéricas para captura e devolução de cativos. Especialmente em 1773, o então governador emitiu um bando que comemorava o êxito nas negociações e pedia que os moradores levassem ao Juiz de Fora da Vila de Cuiabá informações que indicassem sinais, idade, nomes e outras informações relativas aos negros fugidos (RAPMT, 1987, p. 40). No mesmo ano, Luiz Albuquerque chegou até mesmo a escrever ao capitão-general da Capitania de São Paulo para que ajudasse na restituição de cativos fugidos do Mato Grosso a outros destinos, como Assunção e Tucumán, respectivamente cidades localizadas hodiernamente no Paraguai e Argentina (Doc. 3, f. 149).

Em suma, o processo disponível sobre o palenque do Vallegrande finda exatamente nesse ponto, de modo que não sabemos, até o atual momento, se os negros livres capturados na expedição organizada pelas autoridades espanholas foram, de fato, enviados ao Mato Grosso, se permaneceram em cárcere ou se foram libertados. Talvez, em vista do caráter fragmentário das fontes, nunca saibamos a continuidade das histórias de Lorenzo Chavez, Ignacio e seus companheiros.

Indiscutivelmente, as últimas décadas têm permitido a revisão de diversos aspectos das vidas dos homens e mulheres que viveram a escravidão do mundo moderno. Sob influência direta da chamada história social, cultural, estudos subalternos, emprego de arcabouços teóricos de áreas afins e provocados pelos debates em torno das teorias pós-coloniais e decoloniais, tem sido possível perscrutar esses indivíduos de forma dinâmica e não essencializada, como agentes e protagonistas das suas vidas e tempo.[79] É mais do que necessário visualizar, ouvir e lançar luz sobre sujeitos negligenciados e subalternizados, a fim de que possamos construir uma visão democrática do processo histórico. A análise das estratégias empregadas para manutenção da liberdade no interior dos quilombos, palenques ou marrons é um caminho especial para concretizar essas aspirações, pois, onde quer que a escravidão negra tenha sido implementada, homens e mulheres lançaram mão de todos os meios disponíveis para uma vida além dos grilhões e, quando a ruptura definitiva não era condição real, se valeram de estratégias para amenizar o peso da escravidão. Chegamos ao término desta reflexão com mais indagações do que respostas, mas com o desejo de que novos pesquisadores possam seguir os rastros daqueles que, mesmo empurrados para as margens, friccionaram e romperam o silêncio.

---

[79] No que tange à história social, fazemos alusão principalmente aos trabalhos de Edward Thompson (1987). Sobre os estudos subalternos, recomendamos o balanço realizado por David Ludden (2002). Acerca dos estudos pós-coloniais e decoloniais, sugerimos a leitura de Bernardino-Costa e Grossfoguel (2016). Finalmente, no que se refere ao empréstimo de arcabouços conceituais e metodológicos, especialmente as ideias de fricção étnica e etnogênese, indicamos o estudo de Roberto Cardoso de Oliveira (1969) e Fontella (2020).

CAPÍTULO 4

EL QUITACAPAS: A VIDA DE HOMEM NEGRO LIVRE NA AMÉRICA ESPANHOLA EM TEMPOS DE GUERRA (1809-1811)

> [...] Seus infortúnios não por menos lamentáveis assumem às vezes tons que fazem pensar em letrados dotados de ambiciosas leituras: eu só sei que existo porque sinto.
>
> (Mendoza, 1963, tradução nossa)[80]

Quitacapas foi um ponto de encontro de numerosos processos históricos: a colonização no Alto Peru, a singularidade geopolítica da região, a participação popular nos movimentos emancipatórios e, principalmente, a luta incessante da população negra escravizada ou livre contra o cativeiro. Nascido em 1771, no Rio de Janeiro, batizado como Francisco Ríos, foi vendido a Mato Grosso como cativo e, posteriormente, em circunstâncias ainda desconhecidas, fugiu ao Alto Peru (atual Bolívia). Sabemos sobre sua existência após sua "prisão preventiva" em julho de 1809 na cidade de Oruro, quando já era conhecido pela alcunha de "Quitacapas", devido à suposta habilidade em roubar cavalheiros.[81] Pairava sobre ele a suspeita de que poderia causar tumultos na cidade. Naquele momento, detinha fama um tanto quanto paradoxal: ao passo que era considerado pelas autoridades como um homem desordeiro, poucos meses antes da prisão havia participado dos eventos que depuseram Garcia Pizarro, o então presidente da Real Audiência de Charcas. Entre 25 e 31 de maio de 1809, a despeito dessas controvérsias, foi aclamado e tratado por importantes autoridades da cidade de Chuquisaca como o líder e porta-voz da plebe. Segundo o historiador boliviano Gunnar Mendoza, ele entrou e saiu de cena nas páginas da história carregado por aluvião.

---

[80] No original: "Sus ayes no por lastimeros menos caricaturescos assumen a las veces tonos que hacen pensar en letrados urgidos de ávidas lecturas: 'Solo se que existo porque siento'".

[81] Por entendermos que "Quitacapas" confere maior protagonismo ao sujeito do que o nome de batismo, optamos por adotá-lo ao longo deste texto.

Diante de uma trajetória tão peculiar duas são as indagações. Primeiramente, até que ponto sua história pode ser ilustrativa para pensar os desdobramentos das fugas empreendi das por escravizados do território português para o espanhol na América do Sul? Em segundo lugar, Quitacapas seria um sujeito representativo para pensarmos a participação de soldados negros nas guerras de independência travadas por toda a América no limiar do século XIX?

A fim de respondermos a essas questões, consultamos as fontes manuscritas elaboradas por autoridades portuguesas e espanholas no século XVIII e primeira década do XIX, e processo-crime produzido contra Quitacapas entre 1809 e 1811. A partir disso, delineamos um panorama das fugas de escravizados do território português ao espanhol, especialmente de Mato Grosso, que foi o ponto de saída do sujeito em questão. Posteriormente, consideramos casos que informam como a vida seguiu aos que conseguiram êxito nas evasões. Em seguida, analisamos a agência de Quitacapas no Alto Peru durante a guerra de independência, em face das possibilidades que detinham homens negros que eram incorporados como soldados às partes em conflito. Acreditamos que o seu percurso seja emblemático porque exemplifica como homens negros organizavam a vida após a fuga do território luso-brasileiro, um aspecto ainda pouco explorado na historiografia brasileira.

Da fuga à vida além dos grilhões: a trajetória de negros fugidos da Capitania de Mato Grosso

As fugas talvez tenham sido os elementos mais relevantes de resistência à escravidão em áreas localizadas em zonas fronteiriças. No caso da história luso-brasileira, de norte a sul do território, elas foram registradas por autoridades de ambos os lados.[82] Quitacapas, o sujeito central da nossa análise, foi uma das centenas de cativos que durante os séculos XVIII e XIX fugiram de Mato Grosso e atravessaram a fronteira entre as coroas portuguesa e espanhola. Não obstante não constarem informações sobre o trajeto percorrido por ele no processo-crime, acreditamos que tenha adentrado no Alto Peru na virada do século XVIII para o XIX, por via fluvial e,

---

[82] Para consideração das fugas de escravizados brasileiros das capitanias/províncias do Sul aos territórios da região do Prata, ver a obra organizada por Grinberg (2013). Sobre as fugas da região amazônica para os países vizinhos, como as Guianas, ver Bezerra Neto (2001) e Souza (2015). Acerca das fugas do oeste luso-brasileiro para o Paraguai e Bolívia, ver Rodrigues (2016; 2019); Sena (2013); Lordelo (2019); Cecília Martínez (2020).

posteriormente, seguido via terrestre pelas missões jesuíticas até chegar a Santa Cruz de la Sierra; e, em algum momento, rumado às cidades da região andina, onde construiu gradualmente certa "fama" entre as autoridades locais e população indígena e negra.

No mapa (Figura 2) trazido no capítulo anterior, a vila de Cuiabá aparece identificada com a letra "C", ao lado direito. Até Santa Cruz de la Sierra, marcada com a letra "A", podemos observar uma linha pontilhada que segue pelo rio Cuiabá em direção ao Alto Peru. O primeiro povoado é identificado pela letra "P", o "Pueblo del corazón de Jesus", e deste segue-se através de vários povoados e estâncias originados de missões jesuíticas até Santa Cruz de la Sierra.

Caso Quitacapas tenha seguido esse caminho, ele não teria sido o primeiro. Nos séculos XVIII e XIX numerosos foram os que fugiram de Cuiabá pelo rio na direção Sul. Em 1772, por exemplo, os Anais do Senado da Câmara de Cuiabá informam uma fuga coletiva de um grupo de escravizados que, após assassinarem o senhor do engenho Manoel Jozé Pinto, em posse de uma canoa e mantimentos, fugiram pelo rio em direção à "Castella". Apesar da organização de uma bandeira para captura do grupo, a fuga e travessia para o lado espanhol foi bem-sucedida (Suzuki, 2007, p. 101).

As correspondências trocadas entre autoridades portuguesas e espanholas também dão conta de que as travessias de negros escravizados ao lado espanhol fossem regulares no período analisado. Em 1769, em correspondência trocada com o governador de Santa Cruz de la Sierra, o capitão-general Luís Pinto manifestava preocupação com a evasão de cativos aos domínios espanhóis e o asilo em missões jesuítas. Rogava ao dito governador que negasse a chegada de novos escravos e que devolvesse aqueles que conseguisse identificar. Somava-se ao pedido o compromisso em não castigar os que fossem devolvidos (Doc. 1).[83]

Já em 1773, o então governador de Mato Grosso, Luiz de Albuquerque de Melo Pereira e Cáceres, em um bando convocou a população da vila de Cuiabá a comparecer perante ao Juiz de Fora para informar as características dos cativos fugidos – sinais, idade, nomes etc. De acordo com o governador, devido ao sucesso com as devoluções da população fugida à Santa Cruz de la

---

[83] Sobre o conceito de asilo, vale consultar a importante reflexão de Maria Verónica Secreto (2015), na qual a autora analisa a extensa legislação espanhola – constituição do direito de gentes, antecedentes medievais, reais cédulas, entre outros –, buscando entender, entre outras coisas, a ideia de "solo livre" aos que fugiam da escravidão, particularmente no século XVIII.

Sierra, esperava igual êxito com as tratativas com as autoridades da cidade de Assunção (Cáceres, 1987, p. 40). Em todo caso, vale sublinhar que tanto os que fu giam de Cuiabá para Santa Cruz de la Sierra como para Assunção o faziam por via fluvial. Casos como os mencionados são fartamente presentes nos arquivos luso-brasileiros e historiografia lusófona, pois, de fato, a fuga de cativos foi um dos principais elemen tos de tensão nas áreas fronteiriças. Causava instabilidades internas e obrigava autoridades não indígenas ao diálogo para tratarem de devoluções, asilos e conflitos. A mesma fartura não é observada quando o assunto está relacionado à vida após a fuga. Observa-se uma quantidade menor de registros, mais esparsos e fragmentados. E por razões óbvias: alguém que fugira da escravidão provavelmente se esforçava ao máximo para se ver longe da esfera de alcance do poder escravista ou das cidades e vilas europeias. Quando era registrado, o que se nota é que nesses espaços encontravam algum tipo de proteção, ou porque optaram por correr riscos. Indiscutivelmente Quitacapas era um homem pertencente ao segundo grupo. Ainda assim, quando o pesquisador direciona a atenção a esses registros aleatórios, consegue reunir pistas sobre como pode ter continuado a vida das centenas que atravessaram a fronteira espanhola. Em 1773 manuscritos abrigados no Arquivo Público do Estado de Mato Grosso (Doc. 2), informam sobre a captura e devolução ao Mato Grosso de três cativos habitantes de uma propriedade nomeada "Fazenda Payla", localizada na região dos Mojos, Alto Peru. Os três, Pedro, Miguel e Fêlix, quando capturados encontravam-se ca sados. Especialmente Fêlix, era casado com uma mulher negra que havia raptado de Mato Grosso. Após serem trazidos de volta à Capitania, Fêlix conseguiu empreender uma nova fuga. Segundo o redator da carta, provavelmente teria retornado à Fazenda Payla para se encontrar com a esposa. Depois desse episódio não constam mais notícias do casal nos manuscritos do APMT. Certamente devem ter seguido em busca de um asilo mais seguro da possibilidade de captura e devolução à escravidão. De qualquer forma, a história desses três homens e mulher indica um elemento importante: a inserção na estrutura produtiva local, mesmo diante do risco constante da devolução e reescravização.[84]

O relato realizado por Viedma das atividades econômicas de Santa Cruz de la Sierra confirma esse elemento. Entre todos os empreendimentos da região, o autor destacou a produção de cana-de-açúcar, fértil e abundante, costumeiramente comercializada com as cidades de Potosi e Chuquisaca. Atribuía esse sucesso principalmente à presença da mão de obra negra, formada majoritariamente por "desertores dos domínios portugueses" (Viedma, 1836, p. 66).

Os eventos transcorridos em agosto de 1809 na cidade de Santa Cruz de la Sierra mostram outro aspecto da vida dos homens negros fugidos de Mato Grosso: o serviço militar. Naquele mês as autoridades da cidade conseguiram sufocar e antecipar um levante organizado por negros escravizados, libertos (evadidos de Mato Grosso) e indígenas Chiriguanaes. O movimento pretendia tomar o comando da cidade, libertar a população escravizada e isentar os povos indígenas ao pagamento de tributos. Delatado, resultou no aprisionamento das lideranças. Entre estas, Antonio Gomes informou em um momento do inquérito que, após ter "emigrado do reino de Portugal", passou a servir à coroa espanhola como "soldado". Argumentava de forma indignada que achava um absurdo ser ameaçado de devolução a Portugal depois de ter serviço ao rei da Espanha em ações militares contra "bárbaros" e a própria "nação". Outro aprisionado, Manuel, igualmente informava que era emigrado de Portugal e que servira ao rei da Espanha como soldado (Doc. 3).[85]

Se, por um lado, alguns se incorporavam ou eram incorporados à estrutura produtiva e militar castelhana, por outro lado, havia aqueles que desafiavam a ordem abertamente. Precisamente esse foi o caso do quilombo encontrado nas regiões do Vallegrande e Chilon, localizadas entre Santa Cruz de la Sierra e Cochabamba, no ano de 1786. Formado principalmente

---

[84] Vale frisar que as fugas de negros escravizados de Mato Grosso ao Alto Peru/Bolívia seguirão durante todo o século XIX, a despeito da aparente legislação abolicionista adotada no território de asilo. Esse tema, a título de exemplo, proporcionou um importante debate na historiografia afro-americana do oeste luso-brasileiro. Caldeira (2009), ao se ater a cartas constitucionais, código penal e documentação diplomática, aponta a Bolívia como um solo avesso à escravidão, principalmente com rejeição de pedidos de extradição de negros fugidos. Sena (2013), por seu turno, valendo-se de documentação existente nos arquivos de Mato Grosso e Santa Cruz de la Sierra, argumenta não ser possível sustentar a Bolívia como asilo seguro da escravidão aos fugitivos do Brasil, e que a legislação abolicionista adotada seria parte de uma estratégia retórica do Estado boliviano para se apresentar ao mundo após as guerras de independência.

[85] Para uma análise do caso, ver o sexto capítulo de Rodrigues (2019).

por homens negros fugidos da Capitania de Mato Grosso, foi objeto de uma campanha militar porque, segundo os moradores da região, os quilombolas frequentemente atacavam as fazendas e tentavam seduzir a população negra escravizada da região a se juntarem a eles (Doc. 4). Dois dos capturados, os irmãos Lorenzo Chavez e Ignacio, africanos de origem mina, informaram que haviam fugido de Cuiabá e adentraram no Alto Peru exatamente pela região dos Chiquitos.[86]

Ao voltarmos a atenção a Quitacapas, temos um sujeito que, embora em algumas passagens tenha tentado se incorporar à estrutura produtiva, ganhou maior notoriedade por enfrentar a ordem estabelecida.[87] Obviamente essa mudança de "estratégia de vida" não foi uma atitude exclusiva do sujeito analisado, como particularmente notamos no caso dos soldados negros que tentaram um levante em Santa Cruz de la Sierra. Em todo caso, na sequência refletiremos este sujeito à luz da presença negra no Alto Peru às vésperas das guerras de independência.

Quitacapas, o "caudillo de los cholos"[88]

O processo que nos informa sobre Quitacapas atualmente está disponível no acervo do Archivo y Biblioteca Nacionales de Bolívia (ABNB) (Doc. 5). É formado por ofícios, ordens de prisão, pareceres e interrogatórios. Surpreendentemente, apesar das informações valiosas para compreender o processo de independência na Bolívia e Américas, especialmente no que

---

[86] Para uma análise específica do quilombo, ver Rodrigues (2021).

[87] Por exemplo, em um dado momento do processo-crime movido contra Quitacapas, consta que trabalhou na produção de tabaco no Alto Peru.

[88] *Cholo*, no Alto Peru, como no restante das Américas, trata-se de uma designação genérica para referir-se a indígenas ou mestiços com traços caucasianos e ameríndios. Enquanto no período colonial se tratava de um termo pejorativo, que classificava de forma simplista o indígena que falava o idioma espanhol, na atualidade tem sido ressignificado, a exemplo do Peru, onde crescentemente os seus habitantes têm se reconhecido como tal. Diversos trabalhos versam sobre a designação. A título de exemplo, recomendamos a leitura de Quijano (1980) e Arguedas (2001).

tange à participação de setores populares, até a atualidade foi objeto de poucas reflexões.[89]

Antes, pois, de considerá-lo, convém refletir sobre o cenário político em que emergiu Quitacapas, registrado pela primeira vez na noite do 25 de maio de 1809, quando foi encarregado de liderar uma parte da massa popular da cidade de Chuquisaca. Naquela ocasião, a população rumava para casa de Don Ramón García de León y Pizarro, o presidente da Real Audiência de Charcas.[90] Pesavam sobre o presidente rumores de que, em face da invasão napoleônica na Espanha e vácuo de poder após a abdicação forçada do rei Fernando VII,[91] ele estaria na iminência de reconhecer Carlota Joaquina como soberana da região. A notícia causou grande furor, conforme aponta Estanislao Just Leo:

> Ao entardecer da quinta-feira, 25 de maio de 1809, o povo de La Plata, a capital do distrito da Audiência de Charcas, estava em estado de convulsão. Aos gritos de viva o Rei, traição ou morram os traidores, um número imenso de pessoas aglomerou-se na Plaza Mayor, em frente ao palácio presidencial. Lá, em meio a sons de tiro, gritos e sinos, aconteceu a revolução. Quando o motim parecia diminuir nas primeiras horas do dia seguinte, Chuquisaca apresentava outro aspecto. O presidente García Pizarro havia entregado o comando da Audiência ao arcebispo e havia fugido por medo das turbas, e um novo exército, formado pela população da

---

[89] Sobre essa produção, destacamos quatro trabalhos: o primeiro, realizado junto à transcrição do processo, por Gunnar Mendoza em 1963. O segundo, de autoria de Javier Mendoza Pizarro (2009), que, além de analisar a importância do caso à luz da história nacional boliviana, chama atenção para a especialidade do seu registro perante a escassez documental dos fatos relativos à guerra de independência na região. O autor também destaca que o caso de Quitacapas mostra a participação de "anti-heróis" nos eventos relativos à in- dependência. O terceiro trabalho se trata da análise de Esther Sória em 2010, na qual a autora busca explorar a potencialidade de Quitacapas para repensar o próprio processo de emancipação no Alto Peru, à luz das camadas mais populares. Por fim, o quarto trabalho foi publicado na Afro-Hispanic Review por Jacqueline Álvarez-Rosales (2006). Nele a autora, além de ter realizado uma análise sobre aspectos específicos da causa criminal contra Quitacapas, também fez uma reflexão sobre a construção da imagem da nação relacionada com o discurso *criollo*.

[90] As Audiências na estrutura colonial espanhola consistiam em tribunais que, em termos de importância, apenas estavam abaixo do Conselho das Índias (Malamud, 2005, p. 157-158).

[91] O processo que levou Fernando VII à abdicação em 1808 foi gradual, turbulento e contou com vários fatos anteriores. Na sequência enumeramos alguns desses eventos: conflito entre França e Inglaterra pós-Revolução Francesa; assinatura do "Tratado de Fontainebleau", que garantia passagem das tropas francesas pelo território espanhol, com a finalidade de invasão de Portugal (outubro de 1807); protestos populares contra a presença das tropas espanholas e abdicação de Carlos IV ao trono espanhol em favor de Fernando (março de 1808); convocação da família real espanhola em Bayona e posteriores abdicações de Fernando VII e Carlos IV; e, por fim, nomeação de José Bonaparte, irmão de Napoleão, como rei da Espanha. Sobre esse conjunto de fatos, ver Brancato (1999).

cidade, que estava em vias de formação, a título da defesa do rei e da pátria (Just Leo, 2007, p. 6, tradução nossa).[92]

No período, Carlota Joaquina, irmã de Fernando VII e esposa de Dom João VI, representava uma possibilidade real ao vácuo de poder causado pela abdicação forçada do rei espanhol. Ao mesmo tempo que questionava a legitimidade do novo monarca, reivindicava para si o direito de falar em nome da dinastia Bourbon (Azevedo, 1997, p. 253).

O roteiro seguido no Alto Peru, em meio a esse contexto, não destoou do restante da América espanhola. Tão logo as informações chegavam da metrópole no ano de 1808, diferentes corpos, vizinhos, autoridades se apuravam para prestar juramento de fidelidade a Fernando VII, reafirmando-se assim o chamado "pacto monárquico" (Soux, 2009). Conforme os embates seguiam no velho continente, gradualmente surgiram grupos que passaram a reivindicar maior autonomia e ruptura.

Diante dessa disputa, Quitacapas, considerado pelos seus acusadores como "el caudillo de los cholos", abraçou ambos os caminhos.17 Inicialmente esteve com as forças leais ao rei espanhol, encarregado de liderar e controlar parte da população da cidade, identificada como a "plebe". Posteriormente foi recrutado para lutar junto às forças republicanas. Essa atuação em diferentes flancos, longe de sugerir alienação, indica que o sujeito em questão estivera atento à correlação das forças e a que poderia melhor possibilitar ascensão e protagonismo. Vale ressaltar que, durante os processos de independência na América espanhola, soldados negros estiveram presentes tanto ao lado de tropas realistas como republicanas.

Christine Hünefeldt constata que, qualquer que fosse o ângulo do conflito, poderia haver oportunidades a serem aproveitadas na guerra: enquanto no lado dos *criollos* os soldados negros ganhavam promessas de alforria, ao lado das tropas realistas, havia o horizonte de cidadania. Em meio a esse contexto, a presença de tropas negras foi não somente sensível, mas decisiva, a exemplo de Nova Granada e Vice-Reinado do Prata. No primeiro, foi responsável pela supremacia realista; e, no segundo, referida

---

[92] No original: "[...] Al atardecer del jueves 25 de mayo de 1809, el pueblo de la Plata, la capital del distrito de la Audiencia de Charcas, era presa de una conmoción. A los gritos de *viva el Rey, traición, o mueran los traidores*, una inmensa cantidad de gente se agolpó en la Plaza Mayor, frente al palácio presidencial. Alli, entre los ruídos de los tiros, gritos y sones de campanas, se llevó a cabo la revolucion. Cuando la asonada pareció decrecer, a lãs primeras horas de la madrugada del dia siguiente. Chuquisaca presenteaba otro aspecto. El pre- sidente Garcia Pizarro había entregado el mando en la Audiencia, el arzobispo Moxó habia huido por miedo a lãs turbas, y un nuevo ejército, formado por lãs gentes del pueblo, estaba en viaas de formación, a título de defensa de los derechos del rey y de la Patria".

desde os primórdios do conflito em 1810, foi de fundamental importância para o êxito das tropas republicanas comandadas por San Martin, vide a marcha da região do Prata ao Chile em 1816.[93]

Até que ponto essa massa de soldados negros detinha consciência dos projetos políticos europeus ou eurodescendentes em disputa – liberdade, nação, autogoverno, entre outros? É difícil responder com precisão, mas parece razoável supor que a aprendizagem e conscientização desses conceitos se deu mediante a própria luta, no calor dos eventos, e que se efetivou de forma fluida, por vezes contraditória e com diversas variações locais (Hünefeldt, 2010, p. 280).

Outrossim, não podemos perder de vista os interesses desses sujeitos, os soldados negros. Segundo George Reid Andrews, a guerra colocou diante da população negra nas Américas três cenários: redução de controle decorrente do tumulto simultâneo ao aumento das possibilidades de fuga; possibilidade de obtenção da liberdade pelo serviço militar a milhares de cativos do sexo masculino; e, por fim, aprovação gradual de programas de emancipação (Andrews, 2007, p. 88).[94]

Ao retornar a Quitacapas, vale destacar a sucessão de eventos transcorridos de 25 a 31 de março, quando foi encarregado de liderar parte da população de Chuquisaca. Pelo que consta em seu processo, isso se fizera já no primeiro dia da marcha que derrubou o presidente da Real Audiência. Em meio a uma multidão que contava com aproximadamente 500 pessoas que gritavam "traidor" a Pizarro em frente à sua residência, ele aparece pela primeira vez liderando *cholos* na libertação de prisioneiros no presídio da cidade. Encarcerado, ao ser indagado sobre o fato, argumentou que tomara tal decisão porque objetivava aumentar as tropas da cidade para defesa dos direitos do rei Fernando VII (Doc. 5, fl. 18).

Para além dos fartos detalhes trazidos no processo-crime de Quitacapas relativos ao 25 de maio e à trajetória do sujeito em tela, vale sublinhar que a proximidade entre a população negra escravizada ou livre, os povos indígenas e os livres pobres, no período, constituíam um fenômeno comum em toda América Latina. Gabriel Di Meglio, que analisou a atuação popular nas revoluções hispano-americanas entre 1808 e 1812, destaca a conver-

---

[93] Na referida marcha, pelo menos metade de um total de quatro mil combatentes eram soldados negros, entre cativos, livres ou milicianos (Hünefeldt, 2010, p. 270-289).

[94] Esse último ponto, em especial, é bastante evidente quando analisamos comparativamente como as diferentes localidades da América espanhola se comportaram em face das demandas dos ex-soldados negros. Ver a tabela "O fim do comércio escravista, ventre livre e abolição na América espanhola" em Andrews (2007, p. 87).

gência de diferentes atores movidos por interesses variados, tais como camponeses, comunidades indígenas, escravizados, artesãos, a plebe da cidade, entre outros, atuando ora de forma autônoma, ora sob direção das elites peninsulares ou crioulas. Embora não tenha existido uma coordenação central para participação desses setores nas guerras de independência, o autor recorda que em certas situações houve criação de "identidades amplas", como o sugerido no interrogatório do negro Valério de Buenos Aires: ao ser perguntado de que lado estava nos conflitos de independência, afirmou estar do lado dos crioulos, porque "o rei índio e o rei negro eram a mesma coisa" (Di Meglio, 2013, p. 105).

Ademais, além das relações com indígenas, o processo-crime de Quitacapas informa o trânsito por um mundo socioeconômico amplo, que abrangia principalmente setores urbanos e, em menor medida, o rural: soldados veteranos, prostitutas, artesãos, assalariados, fabricantes de chicha, entre outros. É notório como esse trânsito causava certo temor nas autoridades. Em 17 de setembro de 1810, durante a acusação, o apresentam da seguinte forma:

> [...] um ladrão famoso, ousado e descarado, somente confessou ter roubado uma capa em La Paz, e em Potosí duas mulas e um cavalo a Solares (Tambero). Cometeu muitas mortes, ferimentos, arrombamento de portas, buracos e outros insultos noturnos (Doc. 5, fls. 56-57, tradução nossa).[95]

Quanto aos eventos do dia 25 de maio de 1809, logo após a invasão do presídio, a multidão liderada por Quitacapas marchou em direção à casa do Presidente da Real Audiência e, em meio a sobressaltos, invadiu e devastou os móveis e jardim. O Alcaide de Cusco, que se encontrava na cidade e apoiava o levante, segundo Quitacapas, agradeceu e o nomeou capitão da Plebe, juntamente com outras três pessoas que seriam encarregadas em vigiar as demais entradas da praça central. Parece-nos ser este o momento em que ele é reconhecido como liderança legítima da plebe. Desde então passa a exercer o papel de pacificador e mediador. Distribui cigarros, armas, aguardente e é cumprimentado por autoridades castelhanas com honrarias de líderes.

---

[95] No original: "[...] un ladrón famoso, atrevido y descarado, sólo há confesado el robo de una capa en La Paz, y en Potosí del de dos mulas y un caballo a Solares [Tambero], ha perpetrado muchas muertes, heridas, fracturas de puertas, forados y otros insultos nocturnos". Em sua defesa argumentou que sua personalidade divertida perturbava a paz, mas garantia ser um homem verídico, compassivo e humano com os indígenas.

Certamente o episódio mais notável da liderança de Quitacapas se passou quando o arcebispo da cidade o procurou temendo o furor dos *cholos*. Segundo consta no processo, entregou quatro mil pesos a ele, solicitou que distribuísse à plebe a fim de acalmá-la. Francisco repassou metade, e foi acusado de ficar com o restante. Quando o fato começou a sair do controle, pediu às autoridades chuquisaqueñas autorização para ir a La Paz, sob o pretexto de procurar a mulher e trazê-la à cidade. A autorização foi concedida pelos ouvidores, e no dia 31 de maio de 1809 se retirou da cidade. No trajeto, quando passava por Oruru, ante a fama duvidosa e desconfiança de que estava na cidade para causar tumultos e que poderia não partir tão cedo, as autoridades da cidade ordenaram a sua prisão, que só findou depois de longos oito meses.

A "fama" construída por Quitacapas fundamentava a prisão preventiva, mas acreditamos que a conjuntura intercontinental e os efeitos da Revolução do Haiti possam também ajudar a compreendê-la. Apesar do medo da população escravizada nas Américas ser verificável em diversos momentos da história, comprovável na proibição do porte de armas e exclusão comum ao acesso a altas patentes militares (Blanchard, 2002, p. 7), os eventos ocorridos no Haiti na passagem do século XVIII para o XIX se constituíram um estopim para proliferação da cultura do terror. Até aquele momento, em nenhuma outra circunstância a população escravizada havia conseguido se organizar, derrubar um sistema e ascender ao poder.[96]

Apesar de todos os cuidados tomados para evitar a propagação dos sucessos do Haiti, a notícia circulou em todo o continente, paralelamente às mudanças produzidas pela Revolução Francesa, aumentando, consequentemente, a ideologia do medo e procedimentos decontrole. De acordo com Hünefeldt (2010, p. 273, tradução nossa):

> [...] Na mente dessas pessoas existia um permanente estado de alerta e ansiedade: a possível reversão da ordem hierárquica estabelecida através da qual os brancos (sobretudo as mulheres) estariam subordinados aos negros. A imagem de uma monarquia africana com homens negros com direitos econômicos, políticos e patriarcais aterrorizou a mais de uma geração de escravistas em muitas partes do continente. A existência conhecida dos quilombos (incluindo os que não eram tão grandes como os do Suriname e Brasil) que poucas vezes puderam ser combatidos pelo vice-reino deu

---

[96] Sobre a Revolução do Haiti, ver *Os jacobinos negros*, de C. L.R. James (2000).

um toque adicional a esses medos porque eram a evidência da capacidade de ação, organização e resistência dos povos negros. E mais, nos casos do Suriname e Brasil, se tratava de populações que representavam o questionamento e desafio a ordem colonial estabelecida.[97]

A Revolução do Haiti, que, segundo David Geggus, foi o mais importante evento do início da Era Moderna, causou simultaneamente medo e provocou inspirações nas colônias espanhola e portuguesa nas Américas. Ao mesmo tempo que apavorava a sociedade escravista, projetava um novo horizonte de expectativas à população negra livre ou escravizada. As notícias relacionadas ao evento espalharam-se em uma velocidade antes nunca vista, e as reações eram das mais diversas. Em 1795, por exemplo, o governador de Cuba reclamava da constante menção a Jean-François entre os cativos cubanos, tomado como um herói invencível e redentor dos escravizados.[98] Já no Rio de Janeiro, em 1805, um grupo de cativos foi encontrado portando retratos de Dessalines, o primeiro chefe de Estado Haitiano após a declaração de independência; e, em 1814, mercadores na Bahia reclamavam que a população escravizada conversava abertamente sobre as rebeliões negras, especialmente a Revolução do Haiti, e a eliminação de brancos e mulatos (Geggus, 2001).

Ainda pairam mistérios em relação à disseminação dessas informações, mas supõe-se que elas fossem transportadas em rotas comerciais marítimas, levadas por refugiados ou por soldados retornados a campanhas militares em outros territórios. Esse último caso pode ser exemplificado com o retorno dos batalhões de soldados ao Pará após a campanha militar que ocupou a Guiana Francesa entre 1809 e 1817, devido ao estado de guerra entre Napoleão e a coroa portuguesa. Esse batalhão era formado majoritariamente por tropas mestiças e, em 1809, havia recebido reforço da "Tropa de Pernambuco", que, no seio de 800 soldados, contava com uma "Companhia de Pardos e outras de Pretos" (Bezerra Neto, 2001, p. 85). Não é difícil imaginar que, posteriormente a essa

---

[97] No original: "[...] En las mentes de estas personas, existía un estado de alerta y zozobra permanente: la posible reversión de la orden jerárquico establecido a través de cual los blancos (sobre todo las mujeres) es- tarían subordinados a los negros. La imagen de una monarquia africana con hombres negros con derechos económicos, políticos y patriarcales aterrorizó a la más de una generación de esclavistas en muchas partes del continente. La existência conocida de palenques (incluso de los no tan grandes como en Suriman y Brasil) que pocas veces pudieron ser combatidos por el poder virreinal dio un toque adicional a estos miedos porque eran evidencia de la capacidad de acción, organización y resistencia de los pobladores negros. Es más, en los casos de Surinam y Brasil, se trataba de poblaciones que representaban un cuestionamiento y un reto al orden colonial establecido".
[98] O líder em questão mencionado era Jean-François Papillon, um dos principais generais negros que levaram o Haiti à independência.

campanha, o retorno desses soldados fosse acompanhado da disseminação de notícias sobre a situação da população negra nos territórios franceses, incluindo o Haiti, agora na qualidade de país independente.

Em suma, acreditamos ser crível também conceber o medo em torno de Quitacapas à luz do terror continental agravado com a Revolução do Haiti. Não estamos dizendo com isso que o sujeito aqui analisado pudesse ser "pivô" para um evento com a magnitude do ocorrido na ilha de São Domingo, até porque a população escravizada no Alto Peru correspondia percentualmente a cifras muito inferiores.[99] O que sustentamos é que a atípica atenção a um homem negro como Quitacapas pudesse ser reflexo das resistências da classe senhorial latino-americana em relação à participação da população negra nas disputas políticas. Portanto, a atenção aqui não seria exclusividade, mas sintoma de um fenômeno maior.[100]

De qualquer forma, em março do ano seguinte Quitacapas foi transferido a Chuquisaca, onde amargou mais oito meses de prisão até ser libertado em um novo furor popular, dessa vez orientado por forças "patrióticas" em novembro de 1810. De acordo com o processo, a sua soltura se deu em meio a intenso clamor popular:

> [...] por volta da meia-noite uma multidão considerável aproximou-se da prisão pedindo à guarda que libertasse o preso Francisco Ríos. Com a porta fechada, eles golpearam a dita porta e gritavam: "Que soltem o Quitacapas!" (Doc. 5, fl. 75, tradução nossa).[101]

As autoridades cedem ao clamor popular e o libertam. Livre, agora jura lealdade à Junta de Buenos Aires e, novamente, se compromete a acalmar o povo (Doc. 5, fl. 73). Interessante notar como Quitacapas, apesar dos temores da elite política andina, era tomado por parte da população como um verdadeiro herói; além do fato de as forças políticas que tentavam dominar a região não conseguirem abrir mão do seu carisma e influência junto à população nos momentos mais dramáticos.

---

[99] Estima-se que São Domingo (depois da independência, Haiti) pudesse ter nas vésperas da independência cerca de 500 mil africanos. O Alto Peru, por outro lado, no final do século XVIII contava com uma população negra e mestiça aproximada de 21.010 pessoas (Soria, 2010, p. 237).

[100] Não podemos perder de vista que o conjunto de revoltas populares ocorridas na região andina no final do século XVIII certamente pode ter somado para a desconfiança em relação à participação popular nas disputas políticas. Chamamos atenção, especificamente, para as rebeliões lideradas por Tupac Amaru e Katari, trabalhadas por Scarlett O'phelan Godoy (2012) e Charlie Walker (2014).

[101] "[...] a cosa de las doce de la noche una multitud considerable se acercó a la audiência pidiendo a la guardia, le soltase al preso Francisco Ríos. Ésta cerró la puerta, ellos golpeaban la puerta dicha y gritaban: '*Que se suelte al Quitacapas!*'".

A despeito disso, após o tumulto diminuir, as autoridades da cidade decidem novamente encarcerá-lo. Como Quitacapas detinha influência sobre a população, planejaram a prisão longe do alcance dos olhos e ouvidos da cidade: ele foi enviado a uma missão em que supostamente deveria buscar o presidente da Audiência e, quando chegaram ao local, foi aprisionado. O "caudillo de los cholos" só voltaria a respirar o ar da liberdade após longos meses.

Quitacapas, o fim ou um possível recomeço

A última menção a Quitacapas ocorre em abril de 1811, quando lhe foi oferecida a liberdade em troca do alistamento a um dos batalhões de negros ou pardos formados para as guerras de independência na América espanhola. Provavelmente, em face da conclusão de que não haveria outra forma de alcançar a liberdade, aceitou a oferta e a partir desse momento o perdemos de vista.[102]

Embora fosse comum a existência de batalhões formados por soldados negros na América Ibérica,[103] especialmente durante as guerras de independência proliferaram em uma velocidade nunca antes vista. Conforme o conflito se prolongava, tanto *criollos* como peninsulares foram obrigados a recorrer a soldados negros. Segundo Peter Blanchard, o prolongamento da luta criou uma demanda sem precedentes de soldados:

> A disseminação da luta criou uma demanda sem precedentes para os soldados, mais uma vez desafiando as barreiras sociais de longas datas e profundos temores raciais. Da Venezuela

---

[102] Não descartamos também a hipótese de que o recrutamento de Quitacapas tenha sido compulsório, como fora comum durante as guerras de independência, conforme argumenta Goldberg (2005, p. 205). Segundo a autora, devido à carência de soldados, chegaram a ser alistados até mesmo sujeitos condenados por assassinato, jogos ilegais, vadiagem, alcoolismo e ociosidade. Essas últimas quatro tipologias eram comumente obrigadas a servir por um período de quatro anos.

[103] Para reflexão da presença de soldados negros junto às tropas oficiais luso-brasileiras, recomendamos a leitura da tese de doutoramento de Fernando Prestes de Souza (2018, p. 59). Segundo o autor, embora seja comprovável a presença de africanos e crioulos na defesa dos territórios luso-americanos desde o século XVI, a sua incorporação formal a unidades militares remonta às guerras contra holandeses travadas nas capitanias da Bahia (1624-1625) e Pernambuco (1630-1635). No que tange à América espanhola, também existem registros da presença dos soldados negros incorporados na defesa de interesses da coroa. De acordo com María Barcía (2005, p. 6-9), participam de forma mais destacada nos séculos XVI e XVII em campanhas militares nas Antilhas (Cuba, Santo Domingo e Porto Rico) contra a ação de piratas que acossavam vilas. A partir do século XVII, por iniciativa do governador de Havana, será criada a "Companhia dos Pardos y Morenos", que acabou garantindo "vantagens" aos alistados, como acesso a pequenos privilégios e maior mobilidade social. Somente em Cuba, no século XVIII, havia quatro companhias, formadas por centenas de soldados. Sobre o tema, ver também Herbert Klein (1966).

ao norte e sul do *Rio de La Plata*, recrutadores se voltaram para os escravos, oferecendo-lhes a liberdade em troca do serviço militar. Milhares responderam, e o resultado foi que a luta política adquiriu uma dimensão social que poucos (se é que algum) dos líderes revolucionários haviam antecipado. Além disso, esse serviço militar criou um quadro para iniciativas verbais dos escravos (Blanchard, 2002, p. 508, tradução nossa).[104]

Esse recrutamento, a depender do lugar, poderia ser marcado por diferentes nuances. Em áreas cujas forças políticas estavam mais inclinadas à defesa do rei espanhol, um oficial do exército viajava a vilas e povoados, classificava os habitantes do lugar encontrado, conversava com comerciantes e fazendeiros, e oferecia vantagens em troca do alistamento do cativo. Um fator que pode ter favorecido a participação negra nesses recrutamentos seria a imobilidade das tropas, que costumeiramente prestavam serviços no lugar de nascimento ou trabalho.[105]

Em todo caso, conforme as mais diferentes localidades da América espanhola eram arrastadas aos conflitos, soldados negros eram incorporados. Florencia Guzmán, em um balanço historiográfico sobre os afro-argentinos nas primeiras décadas do século XIX, observa que entre 1810 e 1860, ao menos na Argentina, não houve um só batalhão que não contasse com a presença de soldados de cor (Guzmán, 2013, p. 8). Já Goldberg (2005, p. 201-202) acrescenta que, nesse contexto, com a guerra disseminada a variadas partes do território do antigo Vice-Reino da Prata, e com derrotas sofridas ao norte, as forças militares foram obrigadas a aceitar quase todos os homens com idade entre 18 e 60 anos, incluindo a população negra; inicialmente de forma sistemática e, em um segundo momento, de forma gradual, pois havia temor em armá-los e a preocupação com o direito de propriedade senhorial.

Em meio a esse contexto é preciso observar a colaboração irregular dos senhores de escravizados. George Reid Andrews menciona diversos casos em que senhores de cativos tentam burlar a política de recrutamento de negros escravizados, principalmente na Venezuela, Colômbia e Peru,

---

[104] No original: "The spread of fighting created an unprecedented demand for soldiers, once again challenging long-held social barriers and deeply felt racial fears. From Venezuela in the north to the Rio de la Plata in the south recruiters turned to slaves, offering them their freedom in return for military service. Thousands responded, with the result that the political struggle acquired a social dimension that few, if any, of the revolutionary leaders had anticipated. Moreover, that military service created the framework for the slaves verbal initiative".

[105] Precisamente essa era a situação de 65,7% dos soldados por volta do ano 1800 (Hünefeldt, 2010, p. 277).

lugares em que o trabalho escravo era a principal força de trabalho de *plantation* e mineração (caso específico da Colômbia). Na região de Cauca, por exemplo, fazendeiros escondiam seus cativos em florestas próximas. Já no Peru, a resistência ao alistamento de escravizados por parte da classe senhorial estava tão cristalizada que San Martin chegou a estabelecer aos que se recusavam a alistar cativos punição com o confisco da propriedade e, em caso de reincidência, exílio (Hünefeldt, 2010; Andrews, 2007, p. 92).

A reação da população negra, diante dessa política de recrutamento, foi diversa e ambígua. Enquanto havia aqueles que se aliavam a senhores para evitar a participação na guerra, outros procuravam o alistamento. No Peru um recrutador de soldados negros destacou que se existiam fazendas onde quinze ou vinte negros se apresentavam para o conflito, em outras o número não passava de dois ou três. Nestas últimas, o argumento comumente apresentado era de que "não podiam abandonar os seus senhores" (Andrews, 2007, p. 93). Situação inversa se passou no Chile em 1811: antes do anúncio da política de recrutamento, trezentos escravizados contrataram um advogado em Santiago e peticionaram ao governador o direito de se incorporarem às forças patrióticas, sob ameaça de rebelião caso o pedido fosse negado. No Peru, na década de 1820, as próprias mães procuravam agentes recrutadores para o alistamento dos filhos à guerra (Andrews, 2007, p. 92).

A história de Cipriano Suares é excepcionalmente emblemática. Pelo que consta nos registros dispostos no Archivo General de la Nación (AGN) da Argentina, em 22 de julho ele, após fuga, peticionou à justiça a liberação da escravidão para alistamento junto às forças patrióticas. Afirmava em carta escrita por ele mesmo que detinha consciência da necessidade de soldados e afirmava possuir "sentimento patriótico". Contra o seu requerimento Francisco Eliseo, o dito proprietário, tentou toda sorte de argumentos: disse que Cipriano havia fugido por desavenças pessoais com sua esposa; que só havia sido castigado uma única vez; chegando até a alegar que o próprio ato de um "criado" peticionar já deveria ser objeto de represões, pois estimulava a outros servos a se transformarem em "inimigos domésticos". Apesar dos argumentos, Cipriano ganhou o direito ao alistamento pagando a indenização de 300 pesos (Doc. 6).

Sobre o possível fim de Quitacapas, cabe perguntar: teria ele perecido em frente de combate ou sobrevivido ao alistamento e depois conseguido finalmente a liberdade? Não é possível afirmar com exatidão, sobretudo porque as diferentes listas de soldados negros alistados nos batalhões do Vice-Reinado do Prata apontam diversos fins para os soldados negros identificados pelo nome "Francisco".

No AGN, constam listas de batalhões diversos, entre eles as companhias formadas por "Pardos y Morenos". Na consulta dessas fontes localizamos menções a soldados negros com o nome Francisco em três ocasiões, junto às segunda, terceira e quarta companhias, de 1811 em diante.[106] No segundo batalhão são mencionados três soldados negros com o nome Francisco em um grupo de 50 soldados. Essa companhia marchava para a Argentina, mas o sobrenome dos três registrado é diferente do nosso sujeito: Pizarro, Paredes e Fernando. Na terceira companhia, com registros referentes aos meses de 1812, embora haja menção a um soldado chamado Francisco R(sic)s, não existem dados que permitam saber o seu destino. O quarto batalhão, que se deslocava ao Peru desde abril de 1812, informa que entre os seus soldados havia um chamado Francisco "Frios", e que este era o 1.º cabo (Doc. 7).

A pesquisa precisa prosseguir para afirmar se Quitacapas seria um desses Franciscos identificados. Por ora, diante das fontes disponíveis, é possível aventar a possibilidade de ter sobrevivido ao menos nos primeiros anos do conflito, e quem sabe até ter ascendido a postos superiores na hierarquia militar em vista do carisma que o iluminava.

À guisa de conclusões

Indelevelmente o exame de um sujeito excepcional como Quitacapas tensiona numerosas reflexões, a começar pela necessidade de se pensar a história da América Latina por meio de sujeitos outrora negligenciados.[107] Não podemos perder de vista a singularidade do sujeito aqui analisado, que lança luz simultaneamente sobre setores subalternizados que organizaram as suas estratégias e alianças em meio aos conflitos políticos, e permite,

---

[106] Vale chamar atenção sobre a riqueza de informações sobre os soldados negros nesses registros. Neles é possível localizar dados sobre a mortalidade, possibilidades de os soldados sobreviverem aos conflitos, formas de recrutamento, taxas de deserção, entre outros. Sobre as fontes consultadas, ver Doc. 7.

[107] No caso da historiografia da Bolívia, Soria (2010, p. 246) argumenta que, apesar de haver um considerável conjunto de obras na historiografia boliviana que versam sobre os eventos da independência, ainda prevalece uma perspectiva centrada em setores dominantes – ouvidores, arcebispos, setores letrados, burocráticos e universitários. Sobre obras que tratam da independência no Alto Peru, indicamos aqui uma considerada clássica na historiografia nacionalista, e duas mais recentes: Moreno (2003); Soux (2010); e Roca (2007).

por meio do seu microuniverso, perceber movimentos políticos locais e intercontinentais.

Entendemos que a trajetória de Quitacapas seja ilustrativa para pensar os desdobramentos das fugas realizadas por homens e mulheres escravizados do Mato Grosso/América portuguesa; e importante para refletir a agência negra diante das guerras de independência travadas nas Américas. Como vimos, ele foi um dos tantos indivíduos que, diante da escravidão e guerra, escolheram agir e tomar partido. Não temos dúvida que foi motivado pelo desejo de uma vida distante dos grilhões e que concluiu ser a guerra uma oportunidade para consolidar a liberdade, ao menos melhores oportunidades de ganhos.

Ao fim e ao cabo, esperamos que esta breve reflexão possa estimular a continuidade dos estudos sobre essa massa de homens e mulheres que fugiu da escravidão nos mais variados pontos do continente americano, atravessou fronteiras e tentou recomeçar a vida por meio da inserção em atividades econômicas e militares, ou na tessitura de alianças.

REFERÊNCIAS

CAPÍTULO 1:

Fontes manuscritas

Doc. 1 - NDIHR, Capitania de Mato Grosso, ano 1773: AHU, doc. 1054 microfilme, rolo 15, cx. 17. Anexo: 2º.

Doc. 2- MANUSCRITOS. Vila Bela de Santíssima Trindade: Arquivo Público do Estado de Mato Grosso (APMT), 1772, Cópia da instrução de Luiz de Albuquerque de Mello Pereira e Cáceres a João de Albuquerque Mello Pereira e Cáceres, Estante 1, C-03.

Doc. 3 - REGISTRO de pedidos de passaporte de escravos e de guias para despachos de embarcações, 1759-1772. Salvador: Arquivo Público do Estado da Bahia (APEB), 1772, Códice 249, Fundo: Governo Geral da Capitania. Série: Registros. Seção de arquivo colonial e provincial.

Doc. 4 - CARTA do reverendo Manoel de Albuquerque Fragoso ao governador e capitão-general da capitania de Mato Grosso Luiz de Albuquerque de Melo Pereira e Cáceres, Vila de Cuiabá: Arquivo Público do Estado de Mato Grosso (APMT), 1781, IGCA, FSBJ, caixa 001.

Doc. 5 - CARTA do juiz de fora da Vila do Cuiabá, Antônio Rodrigues Gaioso, ao governador e capitão-general da capitania de Mato Grosso, Luís de Albuquerque de Melo Pereira e Cáceres. 1781, julho, 28. Vila do Cuiabá: Arquivo Público do Estado de Mato Grosso (APMT), CA, 0545, caixa 010.

Fontes publicadas

ALINCOURT, Luís d'. *Memória sobre a viagem do porto de Santos à cidade de Cuiabá*. Brasília: Senado Federal; Conselho Editorial, 2006.

FLORENCE, Hércules. *Viagem fluvial do Tietê ao Amazônas, 1825 a 1829*. Tradução de Visconde de Taunay. Brasília: Senado Federal, 2007.

MENEZES, Luís da Cunha. *Notícia Geral da Capitania de Goiás em 1783*. Tomo II. Goiânia: Universidade Católica de Goiás; Universidade Federal de Goiás; Brasília: Solo Editores, 1995. tomo II.

POHL, Johann Emanuel. *Viagem ao interior do Brasil*. Tradução de Milton Amado e Eugênio Amado. Belo Horizonte: Editora Itatiaia; São Paulo: Editora da USP, 1976.

SÁ, Joseph Barboza de. *Relação das povoações do Cuyabá e Mato Grosso de seos princípios thé o s prezentes tempos (1775)*. Cuiabá: UFMT/SEC, 1975.

SAINT-HILAIRE, Auguste de. *Viagem às nascentes do rio São Francisco e pela província de Goiás*. Tomo II. São Paulo: Cia. Editora Nacional, 1937.

SUZUKI, Yumiko. *Annaes do Sennado da Camara do Cuyabá (1719-1830)*. Cuiabá: Entrelinhas; Arquivo Público de Mato Grosso, 2007.

Livros, artigos, dissertações ou teses

ALEIXO, Lucia Helena Gaeta. *Mato Grosso*: trabalho escravo, trabalho livre (1850-1888). Brasília: Ministério da Fazenda, 1994.

BENJAMIN, Walter. *Teses sobre o conceito de história*. Disponível em: https://webcache.googleusercontent.com/search?q=cache:3QQrX3wv2CkJ:https://edisciplinas.usp.br/mod/resource/view.php%3Fid%3D2110821+&cd=1&hl=pt-BR&ct=clnk&gl=br. Acesso em: 26 jun. 2020.

CANAVARROS, Otávio. *O poder metropolitano em Cuiabá (1727-1752)*. Cuiabá: EdUFMT, 2004.

CARVALHO, Marcus J. M. de; DE BIASE, Aline Emanuelle. Os desembarques de cativos africanos e as rotinas médicas no Porto do Recife antes de 1831. *Almanack*, Guarulhos, n. 12, p. 44-65, jan./abr. 2016.

CONRAD, Robert. *Tumbeiros*: o tráfico de escravos para o Brasil. São Paulo: Brasiliense, 1985.

COSTA, M. de F. Alexandre Rodrigues Ferreira e a capitania de Mato Grosso: imagens do interior. *História, Ciências, Saúde*. Manguinhos, vol. VIII (supplement), 993-1014, 2001.

CURTIN, Philip D. *The Atlantic Slave Trade*: a census. Madison: Wisconsin University Press, 1969.

DOLES, Dalísia Elizabeth Martins. *As comunicações fluviais pelo Tocantins e Araguaia no século XIX*. 1972. Tese (Doutorado em História) – Universidade de São Paulo, São Paulo, 1972.

FERREIRA, Roquinaldo. *Transforming Atlantic Slaving*: Trade, Warfare and Territorial Control in Angola, 1650-1800. Tese de Doutorado, inédita, UCLA, 2003.

FLORENTINO, Manolo; GÓES, José Roberto. *A paz das senzalas*: famílias escravas e tráfico atlântico, Rio de Janeiro, c. 1790 – c. 1850. Rio de Janeiro: Civilização Brasileira, 1997.

GRAÇA FILHO, Afonso de Alencastro; PINTO, Fábio C. Vieira. "Famílias escravas em São José do Rio das Mortes, 1743-1850". *In*: SIMPÓSIO SOBRE ESCRAVIDÃO E MESTIÇAGEM, 2., Belo Horizonte, 2006. Belo Horizonte: UFMG, 2006.

KONDER, Leandro. *Walter Benjamin*: o marxismo da melancolia. 3. ed. Rio de Janeiro: Civilização Brasileira, 1999.

LIMA, André Nicacio. *Caminhos da integração, fronteiras da política*: a formação das províncias de Goiás e Mato Grosso. 2010. 366f. Dissertação (Mestrado em História) – Universidade de São Paulo, São Paulo, 2010.

LORDELO, Monique Cristina de Souza. *Escravos negros na fronteira oeste da Capitania de Mato Grosso*: fugas, capturas e formação de quilombos (1748-1796). 2010. Dissertação (Mestrado em História) – Universidade Federal de Mato Grosso, Cuiabá, 2010.

RIBEIRO, Alexandre V. E lá se vão para as minas: perfil do comércio de escravos despachados da Bahia para as Gerais na segunda metade do século XVIII. *In*: SEMINÁRIO SOBRE A ECONOMIA MINEIRA, 12., Diamantina, 2006. *Anais* [...]. Diamantina: UFMG, 2006.

RODRIGUES, Bruno Pinheiro. *"Homens de ferro, Mulheres de pedra"*: o itinerário de resistências de africanos escravizados entre a África centro-ocidental e América espanhola: fugas, formação de quilombos e conspirações urbanas (1720-1809). Curitiba: Appris, 2019.

SILVA, Valderez Antonio da. *Os fantasmas do rio*: um estudo sobre a memória das monções do Vale Médio do Tiete. 2004. Dissertação (Mestrado em História) – Universidade Estadual de Campinas, Campinas, 2004.

SILVA, Vanda. *Engenhos*: produção e abastecimento no termo do Cuiabá (1751-1834). 2015. 218f. Tese (Doutorado em História) – Universidade Federal da Grande Dourados, Dourados, MS, 2015.

SOARES, José Paulo Monteiro; FERRÃO, Cristina (org.). *Viagem ao Brasil de Alexandre Rodrigues Ferreira*. V. III. Rio de Janeiro: Kapa Editorial, 2007.

VILHENA VIALOU, Agueda; VIALOU, Denis. Manifestações simbólicas em Santa Elina, Mato Grosso, Brasil: representações rupestres, objetos e adornos desde o Pleistoceno ao Holoceno recente. Boletim do Museu Paraense Emílio Goeldi. Ciências Humanas, Belém, v. 14, n. 2, p. 343-365, maio-ago., 2019.

VOLPATO, Luiza. *Cativos do sertão*. São Paulo: Editora Marco Zero; Cuiabá, MT: Editora da Universidade Federal de Mato Grosso, 1993.

Sítios eletrônicos

SLAVE VOYAGE. Disponível em: www.slavevoyages.org. Acesso em: 3 dez. 2023.

CAPÍTULO 2:

Fontes publicadas

DOC.1 - APMT, QM, TM, RO 0998, Cx. 15.

DOC. 2 - APMT, QM. TM. CA.1053, Cx. 16.

DOC. 3 - APMT, Relatório de Ernesto Júlio Bandeira Melo ao Conselheiro de estado Francisco de Paula de Negreiro Sagão Lobato. Cuiabá, Lata 1871C, 29 de fevereiro de 1872.

DOC. 4 - Relatório de Antonio Pedro de Alencastro de 3 de maio de 1861. Disponível em: http://brazil.crl.edu/bsd/bsd/437/000004.html. Acesso em: 27 maio 2013.

DOC. 5 - Relatório de Francisco José Cardoso Júnior, de 4 de outubro de 1873. Disponível em: http://brazil.crl.edu/bsd/bsd/437/000004.html. Acesso em: 27 maio 2013.

DOC. 6 - APMT, *O Liberal*, Cuiabá, 30 de junho de 1875.

DOC. 7 - APMT, QM, TM, CA.1231, Cx. 19.

Fontes impressas

ALBUQUERQUE, João. In: *Revista do Arquivo Público do Estado de Mato Grosso* (RAPMT), Cuiabá, v. 1, n. 3, mar.-set. 1987 [1794].

AMADO, Janaina; ANZAI, Leny C. *Anais de Vila Bela (1734-1789)*. Cuiabá: Carlini & Caniato: EdUFMT, 2006.

COELHO, Filipe José N. Memórias Chronológicas da Capitania de Mato Grosso. *Revista Trimestral de História e Geografia/Jornal do IHGB*, Rio de Janeiro, 2. semestre de 1850.

FONSECA, João Severiano. *Viagem ao redor do Brasil (1875-1878)*. v. 2. Rio de Janeiro: Typografia de Pinheiro, 1881.

LEVERGER, Augusto. *Apontamentos cronológicos da Província de Mato Grosso*. Cuiabá: Instituto Histórico e Geográfico do Estado de Mato Grosso, 2001 (publicações avulsas, originalmente publicada em 1949).

MELLO, Francisco Pedro de. "Diário de Diligência" [1795]. *In*: ROQUETTE-PINTO, Edgar. *Rondônia*. Rio de Janeiro: Imprensa Nacional, 1917.

SCHMIDT, Max. *Die Aruaken: um classic da etnologia sul-americanista*. Leipzig: Veit & Comp., [1917]. Disponível em: http://etnolinguistica.wdfiles.com/local--files/biblio%3Aschmidt- 1917-aruaques/schmidt_1917_aruaques.pdf. Acesso em: 13 jan. 2024.

TAUNAY, Visconde de. *A cidade do ouro e das ruínas (1891)*. 2. ed. São Paulo: Melhoramentos, 1923.

Livros, artigos, dissertações ou teses

DEUS, José Antônio de Souza de. Etnogeografia e dinâmica da 'fronteira': novas territorialidades indígenas e sustentabilidade cultural dos povos Aruak das fronteiras das rain-forests na Amazônia ocidental. *Anais do XII Encuentro de Geografos de America Latina*, Montevidéu, 2009, v. 1, p. 1-16.

DELAMÔNICA, Adiléa Benedita. A cor do medo e os seus vários significados: os quilombos mato-grossenses do Rio Manso (1850-1888). *In*: BORGES, Fernando Tadeu de M; PERARO, Maria Adenir (org.). *Sonhos e Pesadelos na história*. Cuiabá: Carlini & Caniato: EdUFMT, 2006.

GINZBURG, Carlo. *O fio e os rastros*. São Paulo: Companhia das Letras, 2007.

GOMES, Flávio dos Santos. *A hidra e os pântanos*: mocambos, quilombos e comunidades de fugitivos no Brasil (séculos XVII- XIX). São Paulo: Ed. UNESP: Ed. Polis, 2005.

HOLANDA, Sergio Buarque. *Caminhos e Fronteiras*. São Paulo: Companhia das Letras, 2004.

LORDELO, Monique Cristina de S. *Escravos negros na fronteira oeste da Capitania de Mato Grosso: fugas, capturas e formação de quilombos (1748-1796)*. Dissertação (Mestrado em História) – Universidade Federal de Mato Grosso, Cuiabá, 2010.

MACHADO, Maria de Fátima R. Quilombos, Cabixis e Caburés: índios e negros em Mato Grosso no século XVIII. 25. Reunião Brasileira de Antropologia. GT 48: Saberes Coloniais sobre os indígenas em exame: relatos de viagens, mapas, censos e iconografias. Goiânia: Associação Brasileira de Antropologia, jun. 2006.

MENDES, Luis Antonio de Oliveira. *Memorias econômicas da Academia Real das Sciencias de Lisboa*. Tomo IV. Lisboa: Tipografia da Academia, 1812.

MILLER, Joseph. *Poder político e parentesco*: os antigos estados Mbundu em Angola. Luanda: Arquivo Histórico Nacional-Ministério da Cultura, 1995.

MONTSERRAT, Ruth Maria F. Línguas indígenas no Brasil contemporâneo. *In*: GRUPIONI, Luís Donisete Benzi (org.). Índios do Brasil. 3. ed. São Paulo: Global Editora: MEC, 1998.

ODA, Ana Maria Galdini Raimundo. O banzo e outros males: o páthos dos negros escravos na Memória de Oliveira Mendes. *Revista Latinoamericana de Psicopatologia Fundamental*, São Paulo, v. 10, n. 2, p. 346-361, 2007.

PRICE, Richard. "Palmares como poderia ter sido". *In*: REIS, João José; GOMES, Flávio dos Santos (org.). *Liberdade por um fio*: história dos quilombos no Brasil. São Paulo: Companhia das Letras, 1996.

RIBEIRO, Berta G. *Os índios das Águas Pretas*: modo de produção e equipamento produtivo. São Paulo: EdUSP: Companhia das Letras, 1995.

RODRIGUES, Bruno Pinheiro. *Paixão da alma*: o suicídio de cativos em Cuiabá (1854- 1888). Cuiabá: Carlini & Caniato: EdUFMT, 2018.

SCHRÖDER, Peter. Max Schmidt: Die Aruaken – um clássico da etnologia sul--americanista. Disponível em: http://www.etnolinguistica.org/doc:16. Acesso em: 14 jan. 2024.

SILVA, Jovam V. *Mistura de cores*: políticas de povoamento e população na Capitania de Mato Grosso (século XVIII). Cuiabá: EdUFMT, 1995.

SIQUEIRA, Elizabeth M.; COSTA, Lourença A.; CARVALHO, Cathia Maria C. *O processo histórico de Mato Grosso*. 3. ed. Cuiabá: Guaicurus, 1990.

URBAN, Greg. A história da cultura brasileira segundo as línguas nativas. *In*: CUNHA, Manuela C. *História dos índios no Brasil*. 2. ed. São Paulo: Companhia das Letras, 1998.

VOLPATO, Luiza. Quilombos em Mato Grosso: resistência negra em área de fronteira. *In*: REIS, João José; GOMES, Flávio dos Santos. *Liberdade por um fio*: história dos quilombos no Brasil. São Paulo: Companhia das Letras, 1996.

WRIGHT, Robin M. História Indígena do noroeste da Amazônia: hipóteses, questões e perspectivas. *In*: CUNHA, Manuela C. *História dos índios no Brasil*. 2. ed. São Paulo: Companhia das Letras, 1998.

Sítios eletrônicos

www.cmd.unb.br

http://www.etnolinguistica.org/doc:16

CAPÍTULO 3:

Fontes primárias

Doc. 1 - ABNB, MyCh, sobre escravos minas na Bolívia, 1786, Cx. 195-10. Doc. 2 - APMT, Manuscritos, Estante 1, C-04, 1769.

Doc. 3 - APMT, Manuscritos, Estante 1, C-07, 11 de junho de 1773.

Fontes publicadas

AMADO, Janaína; ANZAI, Leny Caselli. *Anais de Vila Bela (1734-1789)*. Cuiabá: Carlini & Caniato: EdUFMT, 2006.

RAPMT. "Carta de Luiz de Albuquerque – bando de 10 de janeiro de 1773". Vol. 1, n. 3, mar./set. 1987.

SUZUKI, Yumiko Takamoto. *Annaes do Sennado da Camara do Cuyabá (1719-1830)*. Transcrição e organização Yumiko Takamoto Suzuki. Cuiabá: Entrelinhas: Arquivo Público de Mato Grosso, 2007.

VIEDMA, Francisco de. *Descripcion Geografica y estadística de la Provincia de Santa Cruz de la Sierra*. Buenos Aires: Imprenta del Estado, 1836.

Livros, artigos, teses e dissertações

ANDREWS, George Reid. *América afro-latina, 1800-2000*. Trad. Magda Lopes. São Carlos: Ed. UFSCAR, 2007.

ANTONIL. *Cultura e opulência do Brasil*. Belo Horizonte: Itatiaia, 1982.

BELMONTE POSTIGO, José Luis. "Intentan sacudir el yugo de la servidumbre". El cimarronaje en el oriente cubano, 1790-1815. *Historia Caribe*, n. 12, p. 7-21, 2007.

BERNARDINO-COSTA, Joaze; GROSSFOGUEL, Ramón. Decolonialidade e perspectiva negra. *Revista Sociedade e Estado*, v. 31, n. 1, jan./abr. 2016.

BOWSER, Frederick. "Los africanos en la sociedade de la America española colonial. *In*: BETTHEL, Leslie (org.). *Historia da America Latina*. Tomo IV. Barcelona: Crítica, 1990.

CARVALHO, Daniela Vallandro de. Em solos fronteiriços e movediços: fugas cativas em tempos belicosos (Província de São Pedro, século XIX). *In*: GRINBERG, Keila (org.). *As fronteiras da escravidão e da liberdade no sul da América*. Rio de Janeiro: 7Letras, 2013.

FLORES, Mariana Flores da Cunha Thompson. Os sedutores de escravos: a ação de sedutores nas fugas de escravos pela fronteira meridional do Brasil, 1845-1889. *In*: GRINBERG, Keila (org.). *As fronteiras da escravidão e da liberdade no sul da América*. Rio de Janeiro: 7Letras, 2013. p. 149-161.

FONTELLA, Leandro Goya. O conceito de etnogênese: o dinamismo histórico das identidades coletivas. *História*: debates e tendências, Passo Fundo, v. 20, n. 1, jan./abr. 2020.

FRIEDEMANN, Nina Sánchez de. *La saga del negro*: presencia africana en Colombia. Bogotá: Pontificia Universidad Javeriana, 1993.

GENOVESE, Eugene. *Da rebelião à revolução*. São Paulo: Global, 1983.

GOMES, Flávio dos Santos. *A hidra e os pântanos*: quilombos e mocambos no Brasil (secs. XVII-XIX). 1997. Tese (Doutorado em História) – Universidade Estadual de Campinas, Campinas, 1997.

GUIMARÃES, Carlos Magno. "Mineração, quilombos e Palmares – Minas Gerais no século XVIII". *In*: GOMES, Flávio dos Santos; REIS, João José (org.). *Liberdade por um fio*: história dos quilombos no Brasil. São Paulo: Companhia das Letras, 1996. p. 139-154.

HASBÚN, Paula Peña. *La Permanente construcción de lo cruceño*: un estúdio sobre la identidad en Santa Cruz de la Sierra. La Paz: Fundación PIEB, 2003.

HASBÚN, Paula Peña. *La guerra de independencia en Santa Cruz*. Santa Cruz de la Sierra: Universitária, 2014.

LARA, Silvia Hunold. "Do singular ao plural: Palmares, capitães do Mato e o governo dos escravos". *In*: REIS, João José; GOMES, Flávio dos Santos (org.). *Liberdade por um fio*: história dos quilombos no Brasil. São Paulo: Companhia das Letras, 1996.

LORDELO, Monique. *Indígenas, escravizados negros e homens livres na fronteira do Mato Grosso, Bolívia e Paraguai*: fugas, contrabando e resistência (1750-1850). 2019. Tese (Doutorado em História Social) – Universidade de São Paulo, São Paulo, 2019.

LUDDEN, David. "A brief history of Subalternity". *In*: LUDDEN, David (org.). *Reading Subaltern Studies*: Critical History, Contested Meaning and the Globalisation of South Asia. London: Anthem South Asian Studies, 2002.

OLIVEIRA, Roberto Cardoso de; FARIA, L. de Castro. O contato interétnico e o estudo de populações. *Revista de Antropologia*, São Paulo, v. 17-20, 1969.

OSLON, Nathan Weaver. *Pardos in Vallegrande*: an exploration of the role of afromestizos in the foundation of Vallegrande, Santa Cruz, Bolivia. Dissertação (Mestrado) – University of California, San Diego, 2010.

PRICE, Richard. Palmares como poderia ter sido. *In*: GOMES, Flávio dos Santos; REIS, João José (org.). *Liberdade por um fio*: história dos quilombos no Brasil. São Paulo: Companhia das Letras, 1996. p. 52-59.

RODRIGUES, Bruno Pinheiro. "El fuego de la libertad": a conspiração sufocada de negros livres, cativos fugidos da América portuguesa e indígenas em Santa Cruz de La Sierra (1809). *Revista Eletrônica da ANPHLAC*, São Paulo, n. 20, p. 197-221, 2016a.

RODRIGUES, Bruno Pinheiro. O trânsito de cativos do oeste da América portuguesa para espanhola: fugas, sequestros e a busca por liberdade (século XVIII). *Fronteiras:* Revista de História, Dourados-MS, v. 18, n. 31, p. 357-374, jan/jun. 2016b.

RODAS, Alberto Crespo. *Esclavos negros em Bolivia*. La Paz: Academia Nacional de Ciencias de Bolivia, 1977.

SECRETO, Maria Verónica. "Soltando-se das mãos: liberdades dos escravos na América espanhola". *In*: AZEVEDO, Cecília; RAMINELLI, Ronald. *História das Américas*: novas perspectivas. Rio de Janeiro: Editora FGV, 2011. p. 135-159.

SENA, Ernesto Cerveira de. Fugas e reescravizações em região fronteiriça: Bolívia e Brasil nas primeiras décadas dos Estados nacionais. *Estudos Ibero-Americanos*, Porto Alegre, v. 39, n. 1, p. 82-98, 2013.

SORIA, Esther. El mulato Francisco Rios: líder y plebe (25 de mayo de 1809 – noviembre de 1810). *In*: BONILLA, Heraclio (org.). *Indios, negros y mestizos en la independência*. Bogotá: Editorial Planeta Colombiana, 2010. p. 233-267.

THOMPSON, Edward. *A formação da classe operária inglesa*. v. I, II e III. 2. ed. Tradução de Renato Busatto Neto e Cláudia Rocha de Almeida. Rio de Janeiro: Paz e Terra, 1987.

THORTON, John. *A África e os africanos na formação do Novo Mundo, 1400-1800*. Tradução de Marisa Rocha Mota. Rio de Janeiro: Elsevier, 2004.

CAPÍTULO 4:

Fontes primárias

DOC. 1 - APMT, Manuscritos, Estante 1, C-04, 1769

DOC. 2 - APMT, Manuscritos, Estante 1, C-07, 1773.

DOC. 3 - ABNB, EC1809-8, "Sobre los sucesos de Santa Cruz", 1809, fl.5-7. Para uma análise do caso, ver o sexto capítulo de Rodrigues (2019).

DOC. 4 - ABNB, MyCh 195-10, 11, 11v. – sobre escravos minas na Bolívia, 1786.

DOC. 5- Causa Criminal seguida contra Francisco Ríos, Sucre, 1809-1811, Archivo y Biblioteca Nacionales de Bolivia, Sucre (ABNB), Fondo Emancipación, ficha 4.

DOC. 6 - Juzgado Criminales, Buenos Aires, 1810-1815, Archivo General de la Nación (AGN), caja 10-27-03-05.

DOC. 7 - Division Nacional, Batallón Pardos y Morenos, Buenos Aires, Archivo General de la Nación (AGN), Caja 2, Lec. 22.

Fontes publicadas

AMADO, Janaína; ANZAI, Leny Caselli (org.). *Anais de Vila Bela, 1734-1789*. Cuiabá MT: Carlini & Caniato; EdUFMT, 2006.

CÁCERES, Luiz de Albuquerque de Melo Pereira. Bando de 10 de janeiro de 1773. *Revista do Arquivo Público de Mato Grosso*, Cuiabá, n. 3, v. 1, 1987.

SUZUKI, Yumiko. *Annaes do Sennado da Camara do Cuyabá (1719-1830)*. Cuiabá: Entrelinhas; Arquivo Público de Mato Grosso, 2007.

VIEDMA, Francisco. *Descripcion Geografica y estadística de la Provincia de Santa Cruz de la Sierra*. Buenos Aires: Imprenta del Estado, 1836.

Livros, teses, dissertações e artigos

ÁLVAREZ-ROSALES, Jacqueline. Formación de la alteridad afroandina en expedientes coloniales del Alto Perú. Estudio del proceso criminal contra Francisco Ríos, alias "El Quitacapas". *Afro-Hispanic Review*, Nashville, v. 25, n. 2, p. 9-31, 2006.

ANDREWS, George Reid. *América afro-latina, 1880-2000*. São Carlos: Ed. UFS-CAR, 2007.

ARGUEDAS, José. *Todas las sangres*. Lima: Peisa, 2001.

AZEVEDO, Francisca L. Nogueira. Carlota Joaquina, a herdeira do Império Espanhol na América. *Estudos Históricos*, Rio de Janeiro, n. 20, 1997.

BARCÍA, María del Carmen. Poder étnico y subversión social: los batallones de pardos y morenos de Cuba. *ISLAS*, Havana, v. 1, n. 1, 2005.

BEZERRA NETO, José Maia. Ousados e insubordinados: protesto e fugas de escravos na província do Grão-Pará, 1840-1860. *Topoi*, Rio de Janeiro, p. 73-112, 2001.

BLANCHARD, Peter. The language of liberation: slave voices in the wars of Independence. *Hipanic American Historical Review*, Durham, n. 82, 2002.

BRANCATO, Braz Augusto Aquino. *Don Pedro I de Brasil de España*: una conspiración liberal. Porto Alegre: EDIPUCRS, 1999.

CALDEIRA, Newman di Carlo. Brasil e Bolívia: fugas internacionais de escravos, navegação fluvial e ajustes de fronteira (1822-1867). *Fronteiras*, Dourados, v. 11, n. 19, p. 249-272, jan./jun. 2009.

DI MEGLIO, Gabriel. La participación popular en las revoluciones hispanoamericanas, 1808-1816. Un ensayo sobre sus rasgos y causas. *Almanack*, Guarulhos, n. 5, p. 97-122, 1. sem. 2013.

GEGGUS, David. The sounds and echoes of freedom: the impact of the hatian revolution on Latin America. *In*: GEGGUS, David (org.). *The Impact of the Haitian Revolution in the Atlantic World*. Columbia: University Press of South Carolina, 2001. p. 19-36.

GOLDBERG, Marta Beatriz. Coraje bantu en las guerras de independencia argentina. *Revista del CESLA*, Varsóvia-Polônia, n. 7, p. 197-217, 2005.

GRINBERG, Keila (org.). *As fronteiras da escravidão e da liberdade no sul da América*. Rio de Janeiro: 7 Letras, 2013.

GUZMÁN, Florencia. Afroargentinos, guerra y politica, durante las primeiras décadas del siglo XIX. Una aproximación hacia una historia social de la revolución. *Estudios Historicos*, Rivera-Uruguai, ano V, n. 11, dez. 2013.

HÜNEFELDT, Christine. Esclavitud, percepciones raciales y lo político: la población negra en la era independentista en Hispanoamérica. *In*: BONILLA, Heraclio Bonilla (org.). *Indios, negros y mestizos en la Independencia*. Bogotá: Editorial Planeta: Universidad Nacional de Colombia, 2010. p. 270-289.

INCH, Marcela. Gunnar Mendoza en el Archivo y Biblioteca Nacionales de Bolivia. Notas para su estúdio. *Ciencia y Cultura*, La Paz, n. 1, 2014.

JAMES, Cyril L. R. *Os jacobinos negros*: Toussaint L'Ouverture e a Revolução de São Domingos. São Paulo: Boitempo Editorial, 2000.

JUST LEO, Estanislao. *La revolución del 25 de mayo de 1809 en Chiquisaca*. Sucre, Bolívia: Universidad San Francisco Xavier, 2007.

KLEIN, Herbert. *The colored militia of Cuba 1518-1868*. Caribbean Studies, Puerto Rico, n. 2, v. 6, 1966.

LANDAVAZO, Marco Antonio. La sacralización del rey: Fernando VII, la insurgência novohispana y el derecho divino de los reys. *Revista de Indias*, Madrid, v. 61, n. 221, 2001.

LORDELO, Monique. *Indígenas, escravizados negros e homens livres na fronteira do Mato Grosso, Bolívia e Paraguai*: fugas, contrabando e resistência (1750-1850). 2019. Tese (Doutorado em História) – Universidade de São Paulo, São Paulo, 2019.

MALAMUD, Carlos. *Historia de America*. Madrid: Alianza Editorial, 2005.

MARTÍNEZ, Cecilia. De Mato Grosso a Chiquitos: migraciones furtivas en la frontera luso-española. *Revista Brasileira de História*, São Paulo, v. 40, n. 83, p. 101-123, 2020.

MORENO, Gabriel Rene. *Ultimos dias coloniales en Alto Peru*. Caracas: Biblioteca Ayacucho, 2003.

MENDOZA, Gunnar. Prólogo. *In*: MENDOZA, Mendoza (org.). *Causa criminal contra Francisco Ríos*. Años 1809-1811. Sucre, Bolívia: Universidad Mayor de San Francisco Xavier de Chuquisaca, 1963.

O'PHELAN GODOY, Scarlett. *Un siglo de rebeliones anticoloniales*: Perú y Bolívia, 1700- 1783. Lima: IEP, 2012.

PEÑA HASBÚN, Paula. *La guerra de Independencia en Santa Cruz*. La Paz, Bolívia: Museo de Historia UAGRM, 2015.

PEÑA HASBÚN, Paula. *La permanente construcción de lo cruceño*: un estúdio sobre la identidad en Santa Cruz de la Sierra. La Paz: Fundación PIEB, 2003.

PIZARRO, Javier Mendoza. *Quitacapas*: los sucesos revolucionarios de 1809 en el Alto Peru atraves de la participación de un antihéroe ignorado. La Paz, Bolívia: Plural, 2009.

PRADA, Antonio Moliner. De las Juntas a la Regencia. La difícil articulación del poder en la España de 1808. *Historia Mexicana*, El Colegio de México, Cidade do México, n. 1, v. 58, p. 135-177, 2008.

ROCA, José Luis. *Ni con Lima ni con Buenos Aires*. La Paz: Plural-IFEA, 2007.

RODAS, Alberto Crespo. *Esclavos negros en Bolivia*. La Paz: Academia Nacional de Ciencias de Bolivia, 1977.

RODRIGUES, Bruno Pinheiro. Sedutores da liberdade: a história de um palenque formado no Alto Peru com negros fugidos do Mato Grosso (1783). *In*: SENA, Ernesto; BORGES, A. C.; RODRIGUES, Bruno (org.). *Histórias afro-indígenas nas fronteiras*. Maringá, Paraná: Uniedusul, 2021. p. 9-26.

RODRIGUES, Bruno Pinheiro. *"Homens de ferro, mulheres de pedra"*: o itinerário de resistências de africanos escravizados entre a África centro-ocidental e América espanhola: fugas, formação de quilombos e conspirações urbanas (1720-1809). Curitiba: Appris, 2019.

RODRIGUES, Bruno Pinheiro. O trânsito de cativos do oeste da América portuguesa para espanhola: fugas, sequestros e a busca por liberdade (século XVIII). *Fronteiras*: Revista de História, Dourados, v. 18, p. 357-374, 2016.

SALVATORE, Ricardo; GOLDMAN, Noemí. *Caudillismos rioplatenses*: nuevas miradas a un viejo problema. Buenos Aires: Eudeba, 1998.

SECRETO, Maria Verónica. Asilo: direito de gentes. Escravos refugiados no Império espanhol. *Revista de História*, São Paulo, n. 172, p. 197-219, 2015.

SENA, Ernesto Cerveira de. Fugas e reescravizações em região fronteiriça – Bolívia e Brasil nas primeiras décadas dos Estados nacionais. *Estudos Ibero-Americanos*, Porto Alegre, n. 1, v. 39, p. 82-98, 2013.

SORIA, Esther. El mulato Francisco Rios: líder y plebe (25 de mayo de 1809 – noviembre de 1810). *In*: BONILLA, Heraclio (org.). *Indios, negros y mestizos en la independência*. Bogotá: Editorial Planeta Colombiana, 2010. p. 233-267.

SOUZA, Fernando Prestes de. *Pardos livres em um campo de tensões*: milícia, trabalho e poder (São Paulo, 1797-1831). 2018. Tese (Doutorado em História) – Universidade de São Paulo, São Paulo, 2018.

SOUZA, Manoel Azevedo de. Identidade quilombola na fronteira entre o Amapá e a Guiana Francesa. *In*: Reunião Equatorial de Antropologia, 5.; Reunião de Antropólogos do Norte e Nordeste, 14., Maceió, 2015. *Anais eletrônicos* [...]. Maceió: UFAL, 2015. Disponível em: https://evento.ufal.br/anaisreaabanne/gts_download/Manoel%20Azevedo%20de%20Souza%20-%201019751%20-%204042%20-%20corrigido.pdf. Acesso em: 6 maio 2024.

SOUX, Maria Luisa. *El complejo proceso hacia la independencia de Charcas (1808-1826)*. Guerra, ciudadanía, conflictos locales y participación indígena en Oruro. La Paz: IFEA; Plural Editores; ASDI; IEB, 2010.

SOUX, Maria Luisa. El tema de la soberanía en el discurso de los movimientos juntistas de La Plata y La Paz en 1809. *Revista Ciencia y Cultura*, La Paz, p. 22-23, 2009.

TELES, Luciano Everton Costa. Caudilhismo e clientelismo na América Latina: uma discussão conceitual. *Faces de Clio*, Juiz de Fora, n. 2, p. 100-114, 2015.

QUIJANO, Aníbal. *Dominación y cultura*: lo cholo y el conflicto cultural en el Perú. Lima: Mosca Azul Editores, 1980.

WALKER, Charlie. *The Tupac Amaru Rebellion*. Cambridge, Massachussetts: Harvard University Press, 2014.